大学生に知ってほしい

日本経済の今とこれから

社会に出る、その前に

鈴木 亮 [著]

エイデル研究所

経済は苦手だ、敷居が高いと思っている大学生諸君へ
～まえがきに代えて

　経済と聞いただけで、難しい、わかりにくい、縁遠いと思う大学生は多いかもしれません。ましてや経済学となると、複雑な数式やグラフが出てきたりして、もう見たくもないという人もおられるでしょう。中には「私立文系ですから数学は高校時代におさらばしています。なんでまた大学で、数式や数字と付き合わなければならないのですか」とぼやきたくなる人もいるかもしれません。

　なんとなく敷居の高い経済。数字がつきまとうから苦手な経済。でも本当にそうでしょうか。例えばプロ野球、巨人が大好きな、某私立大学経済学部2年生のAくん、ある日の教室で授業前の会話です。「いや、昨日の坂本は良く打った。3安打で打率が3割4分3厘まで上がってきたよ。菅野はまた完封して防御率は1・98まで下がった。すごいよ」。Aくん、日ごろは「おれ経済学部なのに数字が苦手」というのが口癖なのですが、好きな野球の話になると、小数点以下2けたの数字までそらんじてみせるのです。

　女性の場合、気になる数字といえばカロリー計算でしょうか。同じく某私立大学経済学部3年生のBさん、学食の入口サンプルの前で何を食べようか、思案中です。その時、Bさんの頭の中では、まるで電卓をたたくかのように、細かい数字が駆け回っていました。「朝はパン

とサラダ、ヨーグルトも食べたから450kcalは取ったな。今日の夜は飲み会だから、800kcalは行ってしまう。1日1800kcalに抑えるには、昼は500kcalくらいにしておこう。あー、定食食べたいけど今日はダメだ。ざるそばにしておこう」。細かい数字の出し入れや積算まで、頭の中で瞬時にやっているBさん、Aくんと同様に自称、経済オンチ、数字オンチの経済学部生です。

Aくんもさんも数字が苦手なワケではないのです。自分が関心を持っている分野なら、細かい数字にも精通し、数字の持つ意味をきちんと理解しているのです。プロ野球の打者にとって3割という数字がどのくらいすごいことなのか、数字の意味を知っていればこそ、その価値を正しく評価できます。

皆さんが縁遠いと感じている経済も同じです。物価上昇率2%とかドル円相場1ドル110円とか、毎日様々な数字が経済ニュースの中で語られ、世の中に発信されています。2%や110円の持つ数字の意味がわかっていれば、野球やカロリーと同様、ぐっと身近な話題になります。もしもこの先、「物価上昇率が2%になりました」というニュースを聞いたら、わかる人は「それはすごい。ようやく日本経済もここまで来たか」と感慨にひたるでしょうが、関心のない人にとっては、「2%？ それがどうしたの？ 1%と何が変わるの？」と思うでしょう。

経済を身近なものにする近道は、ニュースに出てくる数字を知ることです。例えば毎月定例で発表される失業率など雇用、物価、設備投資、貿易などの数値を定点観測していると、数字の変化がそのまま経済情勢の変化を示しています。毎日ニュースで流れる株式相場、ドル円相場の数値は、経済の変動を受けて刻々と変わっていきます。

「経済を手っ取り早く知るにはどうしたらいいですか」と聞かれることがよくあります。

私はそのたび、「日経平均株価の推移を毎日、チェックするだけで見えてくるものがありますよ」と答えています。日経平均は日本を代表

する大企業 225 社の株価を指数化したもので、いわば日本経済の気温のようなものです。寒波が張り出せば気温が下がるように、悪いニュースが多いと日本経済の気温も下がり、日経平均も下落します。逆に春になって南風が吹けば気温が上がるように、いいニュースが多いと日経平均は上昇します。上げ下げの幅はいいニュース、悪いニュースのバランスで決まります。昨日に比べて今日の株価は上がってますか、下げてますか。変動した理由はなんでしょう。答えは必ず、ニュースの中にあります。どのニュースが最も影響したのか、考えてみましょう。1 週間前、1 カ月前、半年前と比べて、日経平均はどうなっていますか。その間、どんなニュースがあったでしょう。こうした作業を続けるうち、あなたは立派な経済通になっているはずです。

　社会に出て、会社に勤めれば、いやでも経済との付き合いが始まります。今のうちから経済への妙なアレルギーを払拭して、経済を身近なものにしておきましょう。本書はその伴走者になれると思います。

　本書の出版にあたっては、エイデル研究所出版部の長谷吉洋さんにお世話になりました。この場を借りてお礼申し上げます。

　　　　　　　　　2019 年 3 月
　　　　　　　　　日本経済新聞社編集委員兼キャスター　鈴木 亮

目次

経済は苦手だ、敷居が高いと思っている大学生諸君へ
〜まえがきに代えて……………………………………………………2

第1章　日本経済の今を知ろう

1. なぜ「日経を読め」と言われるの？……………………………10

2.「経済大国ニッポン」は、復活したの？………………………16

3. 日本の財政赤字は、大丈夫なの？………………………………24

4. なぜ、消費税は上がり法人税は下がるの？……………………30

5. 社会保障費はこのまま増え続けるの？…………………………40

6. 円安は、日本の経済にプラスなの？……………………………44

7. 日本の株式相場は、なぜ上昇したの？…………………………54

8. 日本の国債は、本当に大丈夫なの？……………………………62

9. 原油価格に日本経済が敏感なのはなぜ？………………………68

第2章　日本経済のこれからを知ろう

10. 働き方改革。これから何がどう変わるの？…………………78

Table of contents

11. AI によって奪われる仕事は何か？ ……………………………84

12. これから有望な業種は何か？
　　その 1　自動車関連 ……………………………………88

13. これから有望な業種は何か？
　　その 2　ロボット、IoT など ……………………………96

14. これから有望な業種は何か？
　　その 3　観光・流通・小売りなど ……………………100

15. これから有望な業種は何か？
　　その 4　規制緩和の進む業種 …………………………106

第 3 章　日本経済を取り巻く世界の情勢を知ろう

16. なぜ、米国は中国と対立するの？ ………………………118

17. 追い込まれる中国経済、次の一手は？ …………………126

18. なぜ経済は好調なのに政治は低調なの？
　　〜欧州を読み解く ………………………………………132

19. 英国は、なぜ EU から離脱するの？ ……………………138

20. 中東と朝鮮半島の情勢からリスクを読み解く ……………144

第 1 章

日本経済の今を知ろう

1.
なぜ「日経を読め」と

経済のイメージは

　経済と聞いて浮かぶイメージはどんなものでしょうか。堅い、難しい、とっつきにくいなど、どちらかと言えば後ろ向き、あまり近づきたくないイメージが強いかもしれません。経済には数字が欠かせないことも、難しいイメージに拍車をかけているのでしょう。

　でも経済は私たちのすぐそばにいます。普通の人々の毎日の生活が、経済活動そのものなのです。朝起きて食べるご飯も、その材料を作り、供給してくれた人たちへの報酬につながり、消費という行為を通じて経済の一翼を担っているのです。通勤や通学に利用する鉄道、バスなどの交通機関、何気なく使っているスマートフォン、余暇に楽しむゲームやアニメなど、あなたの毎日の暮らしはすべて経済につながっています。

　遠いようで実は身近な経済。その遠いイメージがぐっと近くなるきっかけが、就職です。学生時代は毎日が経済につながっていると言われても、ピンとこないかもしれませんが、就職し、社会に出ると、自分が毎日やっていることが経済につながっていると実感することが増えるでしょう。自分の勤務する会社が作っている商品を人々がお金を払って買ってくれる。自分たちの提供するサービスをお客様が利用してく

言われるの?

れる。だから毎月、給料をもらえる。こんな流れを日々、目の当たりにするわけですから、経済はいやでも身近なものになります。

そして社会に出て、会社勤めをするようになると、こんなことを言われるのです。

「日経(ニッケイ)を読めよ」

日本経済新聞を読む理由

なぜ社会に出ると日本経済新聞を読めと言われるのでしょうか。自分が勤務している会社、その業界が今、どんな状況に置かれ、先行きどんな課題があるのか。会社員として最低限、知っておかなければいけない情報ですね。そして会社を取り巻く状況は日々、変わっていきます。情報過多の時代、謝った情報やデマも少なくありません。いかに効率よく、正確な情報を入手し、今の自分の会社や仕事の現状を把握するか。そこで役に立つのが日経新聞なのです。

日経は日本で唯一の経済専門紙です。もちろん政治ニュースや事件などの社会ネタ、スポーツ、文化教養などの記事も掲載されていますが、中心はあくまで経済です。日経には1500人あまりの記者がいますが、その7～8割は経済を取材しています。朝日新聞、読売新聞などの一

般紙も経済ニュースを掲載していますが、経済記事の分量は日経に比べて大幅に少ないです。

　私も日本経済新聞で30年以上、記者をしています。長く在籍したのは株式などのマーケットを主に取材する「兜クラブ」という東京証券取引所にある記者クラブでした。朝日など一般紙は2、3人の記者が常駐していましたが、日経は30人くらいの体制で、きめ細かくカバーしていました。日本には株式を上場している企業が3500社ほどありますが、日経はそのすべてをカバーしています。人数の少ない一般紙は大企業中心にならざるを得ませんが、日経は中小・中堅企業の動向も報じています。自分の勤務する会社や業界だけでなく、取引先の現状や業界動向なども知らないと、ビジネスは円滑に進みません。このように細分化された情報をミクロ経済ニュースと呼びます。

　一方、日本経済全体や米国など世界の経済の現状を伝えるものをマクロ経済ニュースといいます。日経はマクロ経済情報の元となる日本銀行、財務省、経済産業省などの官庁にも多くの記者を貼り付け、手厚い情報収集をしています。ワシントン、ニューヨーク、ロンドン、北京、上海など世界の経済に大きな影響を与えるニュースの発信地にも、ベテラン記者を他社より多めに配置しています。

　経済ニュースを知りたいと思えば、日経を読むのが一番効率がいいことがおわかりいただけたでしょうか。さらに日経は、英国の経済紙ファイナンシャル・タイムズを買収、子会社化したことで、世界の経済ニュースの分析でも、これまでより質・量ともに水準が上がりました。

　また日経は日本の新聞としては唯一、電子版でも存在感を示しています。世界ではファイナンシャル・タイムズも米国のウォールストリート・ジャーナルにしても電子化を進め、紙の新聞はどんどん少なくなっています。日本ではまだ、紙の新聞が主流ですが、これから先は、スマートフォンやパソコンで新聞を読む人が増えるでしょう。ビジネスに直結する経済ニュースならば、なおさら刻々と変わる最新のニュースを

いち早く知りたい。そうしたニーズに応えるためにも、新聞の電子化は不可欠です。

　朝、会社に出勤し、上司や同僚、後輩などとの会話で、経済ニュースが話題になることは多いです。「日経のあの記事見た？」というやりとりは日常、よくある光景です。会社によっては、朝のミーティングで日経の記事をテーマにしたり、勉強会のテキストに日経を使ったりします。

学生時代からなじんでおくと良い

　どうせ社会に出たら日経を読まざるを得ないのなら、学生時代から経済ニュースに少しでもなじんでいた方がいいでしょう。「経済ニュースは連続ドラマ」と言われます。毎週決まった曜日の決まった時間に放映されるテレビの連続ドラマは、毎回見ないと筋がわからなくなります。途中の1回だけ見ても、登場人物の役割や舞台設定などがわからず、つまらないですよね。これに対し、社会面などの事件ニュースは「単発ドラマ」と言えます。単発の2時間ドラマは一回限りで完結しますから、その日だけ見ても楽しめます。

　経済ニュースは流れがあります。因果関係が必ずあります。2018年に出た大きな経済ニュースに「トヨタ自動車とソフトバンクの業務提携」というのがありました。株価の価値である時価総額で日本一のトヨタと2位のソフトバンクの大型提携は大変な話題になりましたが、このニュースが出てくるまでには、いろいろな経済ニュースが伏線としてあったのです。例えば、自動車業界では「つながるクルマ」と言われる通信機能を持った自動車が出現し、運転手がいなくても走行する無人運転、自動運転の時代がやってくるというニュースがありました。情報通信の世界では、携帯電話やスマホがかなり普及し、事業の先行きに限界がみえてきたというニュースなどがありました。こうし

た流れの中から出てきたニュースがトヨタとソフトバンクの大型提携だったのです。ある日突然、トヨタとソフトバンクが、まるで出合い頭のように手を握ったわけではなく、そこに至るまで、脈々と流れる経済ニュースがあったのです。

　国際ニュースでも同じです。2018年以降、世界を騒がせている米国と中国の経済摩擦も、突然始まったわけではありません。元は2015年、オバマ大統領の時代に、中国の国際的な政治、経済の動きを米国がけん制したことが根底にあります。当時、中国は南シナ海に人工島を作り、軍事基地を建設して、アジアの緊張が高まっていました。携帯電話やパソコン、液晶テレビなどの生産に、政府が多額の補助金をつぎ込み、安い製品を世界に供給してシェアを獲得するという戦略にも、米国が抗議の声を挙げていました。

　あのころの中国はまだ勢いがあり、こうした米国の忠告をどこ吹く風と受け止め、内政干渉であると切って捨てました。米国の怒りのマグマはこの時からふつふつとたぎり始め、それが爆発したのが、2018年のトランプ大統領の時だったのです。ですからもし、2016年の大統領選挙でヒラリー・クリントン候補が勝っていたとしても、その後の米中経済戦争は間違いなく起きていたと思います。世界ナンバーワンの経済大国である米国と、その地位を脅かすべく急成長する中国。2つの大国はいずれ衝突する宿命にあったとも言えるでしょう。2018年に表面化した米中の経済摩擦は、1950年代の米国と当時のソビエト連邦の「冷戦」に匹敵する、大きな出来事になるかもしれません。

　経済ニュースは、まるで連続ドラマのように、脈々と続いていきます。時にはまるで大河ドラマのように、数年、十数年かけて続く経済ニュースもあるのです。

　連続ドラマは、ハマると次回が楽しみになり、毎回見るようになりますよね。経済ニュースも同じで、流れがなんとなく見えてくると、「あれ、このニュース、前にみたニュースと関連があるな」とか「あの時

のニュースの続報だな」などと理解を深めることができるようになります。やがて「次はこんな展開が予想されるな」と先行きがある程度、見通せることもあるでしょう。こうなると経済ニュースは実に興味深い、おもしろい世界になります。

　初めは難しく、つまらないかもしれませんが、経済記事を毎日、読んでみてください。日経を毎日読むうちに、きっと経済の流れが見えてきます。「経済は連続ドラマだ」と、あなたもぜひ実感してみてください。

2.

「経済大国ニッポン」は、

元気を取り戻した日本経済

　集中治療室で今にも息を引き取りそうな病人が回復し、退院してから徐々に元気になり、また働き始めた。

　今の日本経済の状況をひと言で言えば、こんな感じでしょうか。バブル経済が崩壊し、失われた30年と言われた1990年代から2010年代前半まで、日本経済はとても厳しい状況でした。サラリーマンの給料は下がり続け、リストラでいつ職を失うかわからない。閉塞感がいっぱいで、今日より明日が良くなると考える人は、ほとんどいませんでした。先行きに明るい展望を持てないので、庶民は将来に不安を感じ、お金を使いません。70代、80代のお年寄りが「将来が心配だから年金は貯金します」と真顔で語るほどでした。

　そんな先の見えないトンネルから脱出する契機となったのが、2012年末に誕生した安倍晋三内閣の経済政策、アベノミクスでした。これをきっかけに、瀕死の重態だった日本経済は2013年には普通病棟に移り、2014年には退院し、自宅療養するまで回復しました。2015年以降はかなり回復し、もう以前の健康体に戻ったと言っていいほど、経済の状況は良くなりました。

　新聞やテレビなどでも何度も見たり聞いたりしたアベノミクス。知っ

復活したの？

ているようで、その本質が何だったのか、意外と知らないことも多いのではないでしょうか。日本経済の現状を理解するために、まずアベノミクスとは何だったのか。その本質を検証してみましょう。

　一部の学者は「アホノミクスだ」などと、こき下ろしましたが、日本経済がここまで元気を取り戻したのは、アベノミクスの成果にほかなりません。今、わたしたちが生きているこの時代、中でも2013年から2015年あたりまでに起きたことは、数十年後、日本の経済史に残る大きな転機だったと評価されるかもしれません。

　アベノミクスの最大の成果は、日本全体に染みついた「うつむき思考」「後ろ向き思考」を払拭し、「もしかしたら、この国はもう一度、輝けるかもしれない」と多くの国民に明日への期待感を持たせたことだと思います。

　日本経済が瀕死の状態となった2000年以降、デフレと呼ばれる状態が続きました。デフレとはモノの値段が下がる状態が続くことです。物価が下がるのは一見、悪くないことに見えます。例えば、ランチで300円出せば牛丼が食べられますし、100円あればマクドナルドへ行ってハンバーガーが買えます。世界の先進国の首都で、こんなに安く、そこそこの水準のランチが食べられる国はありません。例えば、ロンドンに行ってみてください。サンドイッチを買えば、円換算で700〜

17

800円、ちょっとしたレストランでも入れば2000円くらい取られます。ニューヨークでもサンドイッチ程度で500〜600円はします。日本のように銀座のレストランでもランチを1000円出せば食べられるのは破格です。

しかし、ちょっと考えてみてください。モノの値段が下がれば、それを作って、売っている企業のもうけも減ることになります。もうけが減った企業は、従業員の給料を減らします。ひどい場合は解雇して人件費を浮かそうとします。そうなると庶民はモノの値段が下がっても、お金を使う余裕がなくなり、結果としてモノが売れない。売り手は、もう一段、値段を下げて、なんとか売ろうとする。こういう悪循環が続いていたのです。

デフレを止めるにはどうすればいいか。アベノミクスがまず取り組んだのが、モノの値段を上げることです。同じ商品の値段が来年は2%上がるなら、今年買った方が得ですよね。デフレの時代は、来年になれば値段が下がるとみんな思っていましたから、慌ててお金を使う必要がなかったのです。

モノの値段を上げるにはどうすればいいでしょうか。モノはお金と交換します。お金の価値を下げてやれば、モノの価値は相対的に上がります。

ではどうやってお金の価値を下げるか。それにはお金の出回る量を増やして、希少価値を下げることです。カードゲームでレアカードが重宝され、多く出回っているカードの値打ちがないのと同じ理屈です。世の中に出回る円というお金の量を増やせば、円の価値が下がり、モノの価値は上がります。そこで始めたのが「大規模金融緩和」と呼ばれる日銀の金融政策です。早い話、日銀がこれまでよりたくさんの日本円を刷って、円というお金の価値を下げ、モノの値段を上げようとする作戦です。

日銀は消費者物価と呼ばれるモノの値段を2%まで上げる計画を打

ち出しました。銀行などが保有している国債を日銀が買い取ることで
お金を放出し、世の中に出回る円という貨幣を増やしています。当初
の想定より時間はかかっていますが、日銀のこの政策によって、少な
くともモノの値段が下がり続けるデフレの悪循環は断ち切ることがで
きました。

　円というお金の量を増やすことで、もうひとつ、日本経済を長年苦
しめていた病巣を取り除くことができました。それが円高の是正です。
円相場の話は後ほど詳しく解説します（p.44「6. 円安は、日本の経済
にプラスなの？」）。

景気は気から

　モノの値段が下がるデフレが止まったことで、一番元気を取り戻し
たのが、日本の企業です。売り上げを伸ばすための自分で自分の首を
絞めるような値下げ競争から解放されました。人々は必要なモノは、
来年を待たずに今、買うようになりました。

　モノが売れなかった時代、企業は守りの姿勢を強いられました。会
社を大きくするためには、通常ならため込んできたお金を使って工場
を拡大したり、人を増やして生産する量を増やしたりします。しかし
モノが売れない時代は、商品を作っても倉庫に在庫が積み上がるだけ
で、収入は増えません。逆に倉庫代など余計なコストがかかってしま
います。

　デフレの時代が終わりを告げたことで、企業は攻める姿勢を取り戻
しました。庶民がモノを買うようになれば、これまでのように生産量
を絞る必要もありません。工場の稼働時間を長くしたり、工場の製造
ラインを増やしたり、工場を新規に作るところも出てきました。

　こういう流れになると、従業員の給与は上がり、新たな雇用も生ま
れます。2014 年以降、企業は 2％前後の賃上げに動き始めました。こ

の動きは加速し、過去最高の水準まで賃上げする会社も出てきました。

　モノが売れ始めたこと。さらに円安によって海外でも利益が増えたことで、企業はもうかるようになりました。株式を上場している会社は、通信簿ともいえる企業業績を発表します。アベノミクスが始まってから、企業の業績は伸び続けています。

　デフレの悪循環から脱し、好循環に入った日本の企業では、経営者が収益の拡大に動き始めました。長年使わずにため込んでいたお金を使って新規の工場を建てたり、海外の会社を買収したり、従業員の給料を増やしたり、株主への配当を増やしたりと、お金を使い始めたのです。

　お金は経済の血液です。流れないと死んでしまいます。死にかかっていた日本経済という患者は、再び血液が流れ始め、元気を取り戻したのです。日本企業の経営者に染みついていた「心のデフレ」がアベノミクスによって、払拭されたのです。

政府もお金を使って経済を元気にする

　経済を元気にするため、お金を使い始めたのは企業だけではありません。日本の政府もお金を使い始めました。中学、高校時代、歴史の教科書で米国のニューディール政策というのを学んだ記憶はありませんか。世界恐慌でドン底に落ちた米国は、ルーズベルト大統領のニューディール政策によって、息を吹き返しました。

　経済の歴史は、これを繰り返しています。景気が悪くなると政府がお金を使い、公共事業を始めて、仕事を作る。日本も不況に苦しんだ20数年間、この景気てこ入れ策を何度も取りました。特に地方は仕事が少ないので、公共工事はある程度、景気対策として効果がありました。しかし、地方で公共事業をやっても、それが新たな経済の価値を生み出さないと、意味がありません。

例えば、巨額の費用を投じて高速道路を整備したとします。これによって物流が拡大したり、観光客が増えたりすれば、経済効果は大きいのですが、せっかく作った高速道路なのに車はガラガラ、野生動物の方が多い、なんて状態では経済効果は望めません。

　地方に行くと立派なイベントホールがよくあります。豪華な施設ほど、その維持管理のための費用は大きくなるのですが、それをまかなえるだけのイベントを、そうしょっちゅう誘致できるはずありません。結局、作ったはいいが、あまり稼働せず、持て余している。そんな豪華施設は多いですよね。

　こういう失敗をもう、繰り返さないように、日本の政府はお金の使い方を考えました。財政の出動、すなわち税金を使って景気拡大のための投資をする対策は、打ち上げ花火 1 発でおしまい、ということにならないように考えました。

　実はタイミングが良かったのです。日本は 1964 年の東京オリンピックに合わせて、道路、鉄道、橋、ビルなど国の基盤、インフラを整備しました。このインフラが 50 年経過し、痛みが目立ってきたのです。高速道路のトンネルが崩落するなど、痛ましい事故もありました。東日本大震災後、災害に強い基盤作りの必要性が高まったことも追い風になりました。こういう状況の中で、政府は国民の生活や生命を守るために、もう一度国のインフラ整備をしようと呼びかけ、広く賛同を得ることができました。

　さらにタイミングがいいことに、2020 年に東京オリンピックが開催されます。新しい国立競技場や選手村、移動のための交通システムなど、大きな投資が必要になります。また 2020 年はパラリンピックも同時に開催されます。障害者を持つ選手や観客が世界から日本にやってきます。こうした方が不自由なく観戦や移動できるバリアフリーのインフラ整備も必要になります。こうした財政出動も景気刺激策として機能し始めています。

2.「経済大国ニッポン」は、復活したの？　21

規制緩和も始まった

　デフレに歯止めがかかり、景気回復も始まった。そして経済の成長戦略が大きく花開けば、日本の景気はますます回復し、日本経済は劇的な復活を遂げます。

　経済の成長戦略を進めるには、民間企業がより動きやすくなる必要があります。それが規制緩和と呼ばれる政策です。農業や介護など今後も必要な分野で企業が活動しやすくしたり、様々な規制を見直したり、企業が新しい分野に挑戦しやすい環境を整えようとしています。海外では珍しくないカジノを日本にも作ろう、という新しい動きもあります。

　成長戦略は様々な分野に渡っています。新しい試みもあります。いきなり動き出して、うまくいかないケースもあるでしょう。そこで政府は「特区」という限定したゾーンを設け、その地域限定で、新しい施策を導入し始めました。農業特区、医療特区など、様々な特区が地方を中心にできています。これら特区でうまく行けば、それを全国に広げていく。こういう作戦です。

　規制緩和がこれまでなかなか進まなかったのは、規制が存在することで利益を得る勢力がいたからです。既得権益と呼ばれる利権は特定の一部の人たちを潤しますが、日本経済全体にとっては不利益になる場合も少なくありません。そしてそういう一部の勢力は長く、政権与党である自由民主党を支持してきました。選挙となれば組織を総動員して与党を応援しました。だから政府はこうした既得権益を持つ人たちの利益を奪うような規制緩和に消極的だったのです。

　アベノミクスで進んだ規制緩和のひとつに医療分野があります。例えばこれまで、薬をインターネットで買うことはできませんでした。本人が薬局まで出向き、薬剤師から購入する必要があったのです。でも実際はどうでしょう。風邪で寝込んでいる子供のために母親が薬局

に行く。足が不自由な母親のために娘が薬をもらいに行く。こういうケースはよくあります。もしネットで薬を買うことができれば、利便性は高まりますが、薬剤師の職域を狭めるのも事実でしょう。

医者の世界でも同様のせめぎ合いがあります。ガンなどの治療にあたって、健康保険の使えない高度な最先端の治療法を選ぶ患者もいます。こういう保険適用外の治療を１つでも選ぶと、残りの保険適用の治療もすべて、保険が使えなくなってしまうのです。この「混合診療」と呼ばれる方法を取りたい患者は多くても、自民党を長年支えてきた医師会という組織が強く反対してきたのです。すべて保険が使えなくなるのでは治療費が莫大になってしまいます。泣く泣く高度な最先端治療をあきらめるといったケースもありました。規制緩和が進めば、混合診療が可能になり、患者のメリットにつながります。

農業の改革も同様です。長年自民党を支持してきた農協組織が反対する規制緩和は実現しませんでした。しかし農業分野の規制緩和は待ったなしで、大企業の農業参入が実現しています。安倍内閣は日本の農作物の輸出も促しており、この分野での規制見直しも進んでいます。

まず円高とデフレを止め、財政出動で景気を刺激し、成長戦略で民間企業を巻き込んだ経済成長を狙う。日本経済はこうして、どん底から復活への道筋をつけたのです。「景気は気から」とよく言われます。景気を回復するには、庶民の気持ちを明るく、前向きにすることが何より大事なのです。

3.
日本の財政赤字は、

慢性赤字体質の日本の財政

　もしこんな家庭があったらどうでしょうか。お父さんの月給は月に60万円。世間的にみても、決して少ない方ではありません。一方、お母さんは毎月、100万円使ってしまいます。同居しているおじいちゃんの薬代が毎月増えるので、出費は右肩上がりです。当然、お父さんの給料だけではお金が足りませんから、毎月、消費者金融に借金をしています。借金は増えるばかりで、総額はとうとう1000万円になってしまいました。

　自分の家庭がこんな財政状況だったら、困りますよね。でもこれ、今の日本という国の家計の現状なのです。2018年度の予算をみると、お父さんの給料にあたる税収は約59兆円に対し、お母さんの支出にあたる歳出は97兆円で、到底、足りません。おじいちゃんの薬代にあたる社会保障費が33兆円と、毎年1兆円ペースで増え続けているのが痛いです。

　足りない分は、借金にあたる国債を34兆円発行して、なんとかやりくりしているのです。国債の発行残高はどんどん増え、ついに800兆円を超えてしまいました。地方自治体の借金にあたる地方債の残高を加えると、この国の借金の増額は1000兆円を超えます。日本は世

財政赤字 大丈夫なの？

界でナンバーワンの借金大国なのです。

　毎月40万円もの赤字を少しでも減らしたい。借金の総額も徐々に減らしていきたい。そのためにはお父さんの給料を少しでも増やすか、お母さんの支出を減らすしかないですね。お父さんの給料アップに当たるものが税収増です。お母さんの支出を減らすのが、予算の無駄遣いを見直し、歳出を小さくすることです。

　日本の景気が良かったころ、バブル経済のピーク時にあたる1990年度の税収は63兆円ありました。バブル景気の崩壊とともに、税収も落ち込み始め、2000年度に50兆円まで下がり、翌年度からは50兆円を割り込んだまま低迷しました。

　2007年度は一時的に回復しましたが、どん底となったのはリーマン・ショックで世界の経済が停滞した2009年度です。この年の税収は39兆円まで落ち込みました。仕方がないので借金にあたる国債の発行を52兆円まで増やし、税収より国債がはるかに多いという、いびつな予算になってしまいました。

企業の払う税金が増えた

　アベノミクスによって日本経済は徐々に元気を取り戻し、税収も回

復してきました。2014 年度以降は、景気回復によって企業がもうかるようになったため、企業が利益の中から支払う法人税が増えたほか、人々がモノを買うようになって消費税も増えました。税収合計は 1 年前に比べて 12％も伸び、52 兆円まで回復しました。これはリーマン・ショック直前の 2007 年度を上回る水準です。輸出企業の業績が良くなったことで法人税は 6％増、消費税は 2014 年 4 月に 8％への税率引き上げによって 17％増えました。さらに 2019 年 10 月からは 10％に税率が上がることになっています。

　法人税収が増えた大きな理由は、大手銀行が法人税の納付を再開したためです。バブル崩壊で積み上がった巨大な不良債権の処理に追われた大手銀行は巨額の赤字決算を余儀なくされ、1990 年代後半から法人税を免除されていました。不良債権処理が終わり、景気回復とともに銀行の業績も改善、法人税を納付できるまでになりました。2017 年度は、さらに増え、税収は 58 兆円となり、バブル期の 60 兆円台には届かないものの、2007 年度の 40 兆円割れの水準に比べれば、ずいぶん回復してきました。

　ただ、税収が増えても、なかなか支出が減らないのが今の日本経済です。歳出の合計は 97 兆円と、こちらは減りません。足りない分は国債の発行や国が持っている資産の売却で埋める図式は変わっていません。国債の発行額は 34 兆円と、まだまだ高い水準にあります。

　税収を増やすには、2 つのやり方があります。1 つは景気を良くして、企業が利益から支払う法人税などが増える形での増収です。法人税のほか、会社がサラリーマンの給料を増やせば、そこから天引きされている所得税も増えます。景気が明るくなり、人々がモノを買うようになれば、消費税も増えます。こういう流れを「自然増収」と呼びます。

ようやく動いた消費税増税

　もう1つの方法は税率を上げたり、新しい税を設けたりすることで税収を増やす、いわゆる増税です。安倍内閣は2014年4月に消費税を5％から8％に引き上げました。2015年1月には相続税の増税に踏み切り、所得税の最高税率の引き上げもしました。こうした増税は税収増につながるはずです。

　ただ難しいのは、増税すると必ずしも税収が増えるとは限らないことです。例えば1997年に日本の消費税は3％から5％に上がりました。税率が高くなれば、買い物の時に支払う税金が増えるわけですから、消費者の負担が増します。その結果、買い物を手控えることになりかねません。

　景気のいい時だったら給料も上がりますから、消費税が多少、上がっても買い物は大きく落ち込みませんが、1997年は消費増税と景気の落ち込みが重なりました。金融機関の倒産が相次ぎ、世界でもアジア諸国が経済危機となるなど悪いことが重なりました。その結果、税率を高くしたにもかかわらず、税収の総額は減少するという事態になってしまったのです。

　政府は当初、2015年10月からの消費税を10％に上げる方針でした。ただ2014年4月に5％から8％に税率を引き上げた後、日本経済は落ち込んでしまいました。2014年3月までの増税前の駆け込み買いの反動もあって、2014年4～6月期は景気が大きく落ち込みました。ここまでは政府も想定の範囲内でしたが、困った事に、当初、政府が回復を見込んでいた7～9月期になっても、景気は回復しませんでした。

　そのトラウマがあったためか、消費税10％への増税は2回にわたり延期されました。2017年の衆議院選挙で自由民主党は「消費税を2％増税する分の4割相当は、子育て支援にあてる」と公約し、選挙に勝利しました。公約した以上、これ以上の延期は難しいという状況になり、

2019年10月の増税方針が固まったのです。

財政再建は引き続き課題に

　日本の政府は景気の回復と同時に、財政の再建も目指しています。国の収入と支出の釣り合いを取れるように、財政状況を改善しようと考えています。最近、新聞などで「プライマリーバランス」という言葉を耳にする機会が増えました。ちょっと難しいかもしれませんが、要は、政府が1年間に使うお金のうち、国債の返還や利払いに当てる費用を除いた通常の支出（これを一般歳出と言います）を、税収でまかなえるようにしよう、ということです。

　税収で一般歳出をカバーできていれば、プライマリーバランスがうまく取れていることになります。今の日本の財政は、税収だけでは一般歳出をまかなうことができず、足りない分を国債発行で埋めています。つまりプライマリーバランスは赤字の状態なのです。

　政府は税収で一般歳出が賄われている状態、すなわちプライマリーバランスが均衡している状態を2020年までに達成することを目指していましたが、達成が難しくなり、2025年に計画を後ろ倒ししました。今後は税収を増やし、支出を減らす必要があります。

　税収が思ったより伸びれば、その分、支出の削減を少なめにできます。日本経済の将来に明るい見通しを持つ人たちは、景気が回復すれば税収は増えるから、社会保障費や公共事業などの支出を大きく減らさなくても、財政再建は可能と考えます。

　一方で財務省は、そんな不確かな見通しに基づいて、歳出の削減ペースを緩めたら、財政再建はおぼつかないと考えます。プライマリーバランスを2025年までに均衡できるかどうか。日本経済が背負う大きな宿題です。

　景気回復と財政再建を両立するのは、とても難しいです。景気を良

くして自然増収を増やすのは望ましいのですが、財政に責任を持つ立場の財務省は、もし景気が回復しなかったら財政再建は難しくなりますので、歳出のカットを強く求めています。

　財政出動によって、目先は歳出が増えても、景気回復を図れば、税収は増えるという考え方があります。2013 年度以降の財政状況を見る限り、この方針はうまくいっているようです。2019 年 10 月に消費税が 10％に引き上げられたら、今後は景気回復をよりしっかりしたものにする必要があります。

4. なぜ、消費税は上がり

なぜ消費税を上げるのか

　消費税を上げると税収は増えるかもしれませんが、景気を冷やしてしまえば、税率が上がっても税収は落ち込む、という難しい状況になってしまう懸念もあります。それでも日本の政府は消費税を8％から10％へ引き上げる方針を決めました。
　日本の消費税は1989年4月に導入されました。税率は3％でした。それまでも自民党は何度か消費税を導入しようとしましたが、そのたびに選挙で負けることを繰り返し、仕切り直しを強いられていました。1989年に消費税を始めることができたのは、日本がバブル経済という空前の好景気にあったため、国民の抵抗感が比較的、小さかったためです。その後、1997年に5％へ税率が上がりましたが、この年を境に日本経済は低迷期に入るため、消費税の税率を上げたにもかかわらず、税収は逆に減るという事態に陥ってしまいました。
　なぜ日本は消費税を上げる必要があるのでしょうか。まず第1の理由は財政赤字を少しでも改善するためです。財政の歳出のうち、どんどん増え続けているのが社会保障費です。日本は団塊の世代と呼ばれる、戦後のベビーブームの時に生まれた人たちが、仕事の第一線から退き、高齢者の数が増えています。高齢者になると病気にかかること

法人税は下がるの？

も増え、医療費がその分、かかります。

　年金の支払いも受給者が増えることで、政府に負担のしわ寄せがきています。これら社会保障費は高齢化社会が進むにしたがって、膨張していくのです。大まかな計算では、毎年 1 兆円ずつ、社会保障費は増えてきました。

　こうした支出をまかなうために、消費税の増税が必要になったのです。安倍内閣は 2014 年 4 月に消費税を 8％に上げる時、増税する分は、社会保障費に優先して使うと約束しました。

　日本が消費税を上げる第 2 の理由は、諸外国、とくに欧州諸国に比べて、消費税の税率が低く、まだ上げる余地があると、考えられるからです。日本の消費税は 10％になりますが、諸外国では消費税の税率はどのくらいなのでしょうか。

　消費税は 1954 年にフランスで始まり、1970 年代にヨーロッパ主要国に広まりました。英国、フランスなど欧州主要国の消費税率はだいたい 20％前後です。中にはスウェーデンのように 25％という国もあります。

　アジア諸国は欧州ほど高くなく、7 〜 10％の国が多いです。米国は州ごとに消費税を掛けており、大きいところで 7％程度です。産油国は財政が豊かなため、消費税はゼロです。カジノで同じく財政が豊か

なマカオもゼロです。うらやましいですね。

　こうした各国の事情を比べてみると、日本の消費税は確かに低いかもしれません。欧州と比べれば、かなり低い水準と言えます。10％でもまだ欧州の半分です。

　消費税を上げる理由はまだあります。それは増税しやすい税金だからです。毎月40万円の赤字の家計を少しでも楽にするためには、お父さんの給料を増やすのが手っ取り早い。給料アップにあたる増税のうち、税金を取る側からみて、最もやりやすいのが消費税の増税なのです。

　消費税は買い物などをしたとき、商品の代金といっしょに払います。税が商品代金と合わせて価格表示される場合もあります。税込み価格とよばれるものです。お店でモノを買う。レジでお金を払う。代金を財布から出す。ごく日常の風景ですが、このうち一部は税金なのです。

　でも払った方はあまり意識せず、払っています。この「意識せずに」というところが、消費税のミソなのです。税金を払っている側の負担感が少ないので、集める側からすれば、やりやすい。

　これが毎月、給料から天引きされる所得税だと、毎月の給与明細に所得税額が明記されていますから、税金が増えれば、すぐにわかります。額面の金額と手取り金額の差に愕然とするサラリーマンは少なくないと思いますが、所得税は負担感が強いですよね。

　消費税のような税金を間接税、所得税などのような税金を直接税と言います。日本は欧州諸国などに比べて消費税の導入が遅かったため、税収における直接税の比率が高かったのです。負担感の少ない消費税を上げることで、この「直間比率」を是正する。そのためにも、消費税の増税は必要という意見もあります。

　2017年度の予算でみると、私たちは年間17兆円もの消費税を払っています。これは所得税の19兆円より少ないですが、予算の18％を占めています。税収は合計で59兆円ですから、消費税が3割ほど、

残りは所得税、法人税などで構成されています。

わかりにくい軽減税率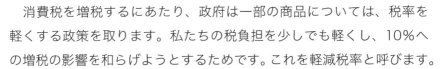

　消費税を増税するにあたり、政府は一部の商品については、税率を軽くする政策を取ります。私たちの税負担を少しでも軽くし、10％への増税の影響を和らげようとするためです。これを軽減税率と呼びます。

　軽減税率の対象となるのが食料品です。財務省は本音でいえば、軽減税率はやりたくないでしょう。その分、税収は減りますし、品目ごとに税率が違ってくると、余計な手間がかかります。例えば、消費税が10％でも食料品は8％に据え置く。外食は10％にするなど様々な考え方があります。お酒は10％ですが調味料は食品なので8％。みりんはどうなるのでしょう？　お酒だから10％？　調味料なので8％？といった複雑な議論が必要になります。それでも政府の試算によると、生鮮食料品全体に軽減税率を適用すると、約3400億円税収が減ります。逆に言えば、それだけ私たちの負担が減ることになります。

　外食を10％とすると、コンビニで買ったお弁当を店内で食べたら10％、でも持ち帰れば食品なので8％ということになります。持ち帰りにしてコンビニを一歩でも出れば8％ですが、店内のイートインスペースで食べたら10％。まるで漫画のようですね。店員さんも大変です。レジのシステムも変える必要があります。

　ではこうした手間暇をかけて、私たちの生活はどのくらい恩恵を受けるのでしょうか。ファイナンシャルプランナーなどの試算では、年収250万円以下の家庭の場合、軽減される税金は年間約2300円、年収500万円以下で、やや買い物が増えるであろう家庭の場合でも、軽減税額は約3700円です。どうも社会的なコストの割に、私たちの恩恵は少ないようにも見えます。

　ちなみに消費税先進国の欧州でも軽減税率はあります。ドイツやフ

ランスは食料品の税率を5〜7％程度と、そのほかの20％に比べて低くしています。私は日本経済新聞社の駐在特派員としてロンドンに住んでいたことがあります。英国は食品に関して消費税はゼロでした。さらに子供に関する品物も消費税はゼロでした。だから私の妻など駐在員の奥さんたちは、現地で子供用のXLサイズのシャツなどを買えば、サイズも日本人の女性に合いますし、20％の税金がゼロになるので、喜んで買っていました。

消費税をめぐるもうひとつの問題

　消費税にはもう一つ、問題があります。それはお金持ちとそうでない人との間に不平等感があるという指摘です。サラリーマンが毎月、給料天引きで払っている所得税は、給料の高い人ほど税率が高くなります。2015年から最高税率が40％から45％に引き上げられました。一番低い税率は5％で課税所得が195万円以下の人が対象です。

　つまり所得多い人ほど税金も高いわけですが、消費税の場合、所得の高い人も低いひとも、負担する税率は同じです。所得税が5％から45％まで7段階に分かれているのと大きな違いがあります。この負担感の不平等さを「税の逆進性」と呼びます。所得の低い人ほど、支出全体に占める食品など生活必需品のウェイトが高くなるので、消費税が上がると低所得者ほど不利益を受けるという考え方です。軽減税率を導入しても同じことが言えます。軽減される税率は一緒でも、お金持ちは買い物の量も多くなりますから、受ける恩恵も大きくなります。こうした逆進性の問題は消費税にはつきものなのです。

　消費税を1％上げると、税収は約2・5兆円増えると言われています。今の日本の財政状況を考えてみると、税収は総額59兆円、歳出の総額は97兆円です。単純に消費税の増税だけで不足分を賄おうとするなら、欧州並みの20％に上げても、まだ足りません。

一部の政府関係者や海外からは、日本はいずれ消費税を 20%程度までに引き上げる必要があるという指摘もあります。今後の日本の政府がどのような判断をするのかは、今の時点ではわかりません。

　1 つ言えることは、財政再建は絶対に必要で、今のような過度に借金に依存した国家運営は、いつまでも続けられないということです。子供や孫の世代に 1000 兆円という莫大な借金を残したままでいいのか、という声は増えています。

　一方で、財政再建を消費税増税だけでやろうというのも無理があります。まず最低限やらなければいけないのが、無駄な歳出のカットです。野放図な予算の無駄遣いは厳しく監視し、やめさせる。その上で他にも増税できそうな財源を探す。収支のバランスの取れた財政再建こそ、これからの大きな課題になるでしょう。

世界で始まった法人税の引き下げ

　日本の財政事情が厳しいこと、だからやむなく消費税を上げなければいけないことは理解していただけたかと思います。

　少しでも税収を増やしたい。そんな状況の中、逆に世界の国々が争って税率を下げようとしている税金があります。それが法人税です。法人税は企業が 1 年間、様々なビジネスに取り組み、もうかった利益の中から支払う税金で、直接税です。

　日本の政府は法人税の税率を下げる方向で動きました。なぜでしょう。一見、不公平に見えますよね。共産党など野党の一部は「消費税を上げておいて法人税を下げるのは、庶民いじめ、大企業優遇だ」とかみついています。

　なぜ今、法人税を減税する必要があるのでしょうか。理由は、日本の法人税がアジアでも突出して高いからです。例えば、中国は 25%、韓国は 24%、シンガポールは 17%ですが、日本は東日本大震災の復

興財源として増税した分も含めて39％でした。ここから段階的に減税が始まり、現在は29％まで下がっています。将来は20％まで下げることが検討されています。

　欧州の主要国はフランスが33％、ドイツが30％なので、ここまで下げると世界的にみれば、さほど高くないとも言えますが、フランスは2022年までに25％まで下げる方針を打ち出していますし、英国もこの10年で11％下げて19％になっています。シンガポールなどアジアの諸国と比べれば、29％でも低いとは言えない水準です。

　法人税を下げているのは、どうやら日本だけではないようです。世界の主要国が法人税の引き下げ競争のような流れになっています。

トランプ減税の衝撃

　2017年に登場した米国のトランプ大統領は、いろいろな話題を提供しています。賛否両論ありますが、米国の経済を活性化させる上で、大きな役割を果たしたのが法人税の大型減税でした。

　トランプ大統領は選挙中から大規模な減税を公約として掲げていました。減税は法人税だけでなく、個人の所得税や相続税の廃止なども含まれますが、最も注目されたのが法人税の減税でした。2017年12月に米国議会は法人税をこれまでの35％から一気に20％まで下げる法案を可決しました。アメリカは先進国の中でも法人税率が高い国でしたが、この減税で一気に先進国の平均を下回る税率になったのです。

　なぜ、世界各国は法人税の引き下げに動いているのでしょうか。それは経済のグローバル化が進むなか、有力な企業を自分の国に誘致しようとするためです。税率を低くすることで外国から企業を誘致できれば、新たな雇用が生まれ、消費も増え、結果的に国内の経済成長につながります。反対に法人税が高いままだと、国内企業が海外に移転するリスクが大きくなります。

法人税は企業がもうけた利益の中から払います。もし税率が下がれば、当然、支払う法人税も少なくて済みます。

　もしあなたが自分で会社を立ち上げようとしたとき、税金の高い国と安い国、どちらが魅力的ですかと聞かれれば、当然、安い国を選択するでしょう。実例があります。欧州のアイルランドは法人税が12％です。かつて40％を超えていましたが、2008年から一気に法人税を下げ、その結果、世界中からアイルランドに会社を移そう、アイルランドで会社を起こそう、という動きが広がりました。

　仮に1年間で1億円の利益が出た場合、日本なら2900万円の税金を払わなければならないですが、アイルランドなら1200万円で済むのです。これは魅力ですよね。アイルランドの場合、英語が母国語であること、情報通信のインフラが整備されていたことも、外国からの投資を呼び込む理由になりましたが、海外からの投資が増えることで、国が活性化し、雇用も生まれ、税収も増えるという、いい循環に入ることができます。

　日本はかつて、経済が好調だった時代、世界にどんどん進出し、目立ちすぎたために、米国などでずいぶんたたかれました。それが「ジャパン・バッシング」です。ところが景気低迷が長引き、日本は魅力がない、こんな国は素通りしても大丈夫だということで、「ジャパン・パッシング」と言われました。アベノミクスの直前はさらにひどくなり、もう日本には何もない、「ジャパン・ナッシング」だとまで言われました。

　世界の有力企業がアジアでビジネスを展開しようと考えたとき、かつて日本は重要な拠点でした。経済が好調だった時は消費も期待できますし、街はきれいで、治安も抜群にいい。アジア進出の拠点として日本は有力な選択肢の1つでした。

　ところが経済が停滞し、消費が落ち込み、日本の魅力は薄れました。おまけに法人税がアジアの中で突出して高い。ならば、アジア・ビジネスの拠点をシンガポールにしよう、あるいは香港にしようと、と考

える外国企業が増えるのはやむを得ません。

　シンガポールは日本と同じように街がきれいだし、英語も通じます。おまけに法人税が日本の半分となれば、進出先として日本よりシンガポールが魅力的になるのは、当然ですね。

　これでは海外から日本への投資は期待できません。そこで日本も法人税の引き下げをし、日本市場の魅力向上に動いたのです。29％まで下がったことで、今よりも投資先としての魅力は高まります。

　2014年ごろから日本を訪れる外国人観光客が増えています。円安の影響が大きいのですが、今度は外国人が大挙して押し寄せるようになって「ジャパン・ラッシング」などと言われ始めています。観光だけでなく、徐々に投資も増えています。米アップル社が研究開発のための拠点を神奈川県に設けることになりました。海外から日本に進出する企業が増えれば、法人税を払う企業も増えることになりますし、雇用も生まれます。

　財政が厳しい中、消費税や所得税は増税しているのに、法人税を減税するのには、こうした理由があるのです。

法人税には課題も

　法人税を下げることの意義はわかりましたが、課題もあります。それは法人税を払っていない会社がけっこう多いことです。法人税は企業が1年間に上げた利益の中から払います。利益の出ていない企業、つまり赤字の企業は法人税を払いません。

　それどころか、今の税法では赤字を出した企業は、その赤字を9年にわたって繰り越すことができるのです。翌年度以降、利益が出ても過去の赤字と相殺でき、法人税を払う必要がないのです。不良債権処理にともなって巨額の赤字を出した銀行が、長いこと法人税を払わないで済んだのは、こういう理由があるからです。

まじめにコツコツ毎年利益を上げている会社は、法人税をきちんと払っていることになり、何か不公平な感じがしますね。こういう不公平感をなくすため、政府は今、赤字企業にも法人税を払ってもらうように改革を進めています。また高い法人税を嫌って、法人税の安い国、例えばシンガポールに本社を移転するような事例が増えると、これも問題です。移転先の市場に魅力を感じ、本当に多国籍企業として生きていくための移転なのか。それとも単なる税金逃れのための移転なのか。税務当局はきちんと監視する必要があります。

5.

社会保障費はこのまま

高齢者が増え続ける社会 💵

　日本の財政支出の内訳をみると、全体の 34％を社会保障費が占めています。額にして 33 兆円です。

　社会保障費は大きく 3 つに分けられます。年金、医療、介護・福祉の 3 つです。年金などは財務省とは別の組織で管理、運営していますが、保険料収入だけでは足りないため、不足分を財政で負担しています。この 3 つの分野で毎年かかっている費用の総額は、財務省によると 110 兆円だそうです。内訳は年金が 53 兆円、医療が 36 兆円、介護・福祉が 21 兆円です。

　今後、高齢者が増えるため、10 年後にはこの費用の総額は 150 兆円まで増えると試算されています。

　団塊の世代と呼ばれる、戦後のベビーブーム時代に生まれた人たちがリタイア世代に入りました。この世代だけで約 650 万人いるのです。この世代はこれまで働いて、税金を払い、日本という国を支えてきました。リタイアし、仕事を辞めたら、もう所得税は払いません。社会保障のコストも払いません。逆に年金を受け取る側に回ります。年を取れば医者にかかる頻度も増えるでしょう。

　このまま高齢者が増える社会が続くと、2025 年には 65 歳以上の人

社会保障費

増え続けるの？

口は 4000 万人になると言われています。3 人に 1 人が高齢者という計算になります。

どうやって高齢者を支えるか

　一方、こうした高齢者を支える働き手は、少子化の影響で減っているのです。15 歳から 64 歳までの労働生産性人口は 1995 年をピークに減少に転じています。つまり働く人の数は減り続けているのです。

　そうなると当然、高齢者を支えるための働く人の負担は増えます。かつて 6 〜 7 人で 1 人の高齢者を支える図式でしたが、2000 年には 3・6 人で 1 人を支える計算になり、2025 年には 1・8 人で 1 人を支える構図です。

　ということは、2025 年のサラリーマンは、給料の半分を高齢者を支えるために取られてしまうことになります。手取りは額面の半分。これではやっていけませんよね。

　そこでこれから先は、所得税や年金の負担額を増やさなくてもやっていけるように、政府は対策を考える必要があります。消費税を増税し、財政を少しでも豊かにするのは、増え続ける社会保障費をなんとかするためです。

年金、医療、介護など社会保障費は保険料で賄うのが基本なのですが、支える働き手が減り、受け取る高齢者が増え続ける以上、財政で支援せざるを得ないのです。ざっと４割を財政で負担していますが、今後は保険料も取りこぼしのないようにすべきでしょう。

　例えば国民年金は未納率が４割程度というデータもあります。健康保険や介護保険も未納の人が増えています。生活が厳しく、やむを得ず未納になっているケースもあるでしょうが、余裕があるのに未納になっているケースはきちんとした対応が必要です。

　政府は 2016 年１月からマイナンバー制度を導入しました。2015 年 10 月時点の住民票に基づいて、国民１人ずつに番号を与え、税金や社会保障などを一元管理するための制度です。マイナンバー制度が、保険料の未納問題などを解決する糸口になるかもしれません。

　また重要なのは、受益者である高齢者の自助努力です。年金受給世代になっても、元気に働いているシニアはたくさんいます。65 歳以上になっても、経営の第一線で活躍するシニアは多いです。多額の報酬をもらっているシニアに果たして年金が必要でしょうか。今後は収入に応じて年金の支払いを見直すような仕組みも必要になるでしょう。

　政府も人生 100 年時代と銘打って、70 歳まで働くことができるよう、企業にそのしくみ作りを検討するよう指示しています。年金の受給開始年齢を 70 歳など遅らせると、支給額が増える仕組みも導入し、財政の負担軽減につなげようとしています。

　医療費の削減も待ったなしです。元気なシニアが増えるのは、それだけで社会に活力を与えます。モノを買ってくれれば、消費税を負担してくれます。医者のお世話になる前に、健康を維持できるよう、体調管理などに気を配ることが大事です。医者にかかる回数が減れば、それだけ国の負担が減るのです。

　介護も重要なテーマです。高齢者が増えれば、介護を必要とする方も増えるでしょう。介護保険もいずれ、健康保険と同じように、保険

料だけで賄うのは難しくなり、財政負担が必要になるでしょう。

　介護が必要にならないように、社会全体で支援する仕組みが大切です。最近、寝たきり防止のための健康施設が、各地にできています。寝たきりになるケースは、転倒してけがをした後や、心臓や脳などの急な病気の後が多いそうです。退院後、寝たきりにならないよう、体力維持やリハビリを重視する施設も続々と出ています。こうした流れはぜひ、加速してほしいですね。

働く女性と子育てを支援する 💵

　社会保障費の多くを高齢者向けに使わざるを得ない状況なので、子育て支援などへの支出は不十分なのが現状です。本来なら、将来の働き手を増やすためにも、少子化対策は待ったなしですが、財政状況や高齢者の急ピッチな増加の前に、「それは十分にわかっているけど…」というのが今の日本なのです。

　安倍内閣は働く女性を増やすことを政権の目標の１つに掲げています。特に子育てを終えて、時間に余裕ができた主婦の労働参加を念頭に置いています。そのためには安心して働けるような保育環境の整備が欠かせません。

　こうした子育て支援にも社会保障費を十分に回すことができるように、政府が背負っている宿題は大きいのです。安倍内閣は 2017 年の衆議院選挙で消費税増税で増える税収の４割相当を子育て支援に充てると公約しました。2020 年以降、認可ではない保育園も含めて、幼稚園、保育園の費用を無償化する方針です。

　子育て支援を充実させれば、女性が安心して働くことができ、出産による退職も減ると思います。こうした流れは加速すべきでしょう。

5. 社会保障費はこのまま増え続けるの？　43

6.
円安は、日本の経済に

円高と円安、説明できますか

　毎日、ニュース番組の最後に「今日の為替と株の値動きです」とアナウンサーが原稿を読み上げています。「1ドル112円70銭から80銭です」、などとその日の円相場を教えてくれます。

　ここで問題です。1ドル100円だった円相場が1ドル120円になりました。これは円高でしょうか、円安でしょうか。

　馬鹿にするな、そのくらい知っているという方が多いかもしれませんが、答えは円安ですね。では100円が120円になっている。円が高くなっているように見えるのに、なぜ円安なんだ？　と聞かれて、その理屈を説明できますか。意外と難しいのではないでしょうか。

　こう考えたらどうでしょう。あなたは買い物に出かけます。買う物は1ドル札です。1ドル札を1枚買うのに、これまでは10円硬貨を10枚、つまり100円持って行けば、売ってくれました。ところがある日、同じように1ドル札を買いにいくと、「値上げしました」と言われ、10円玉を12枚払わないと1ドル札を売ってくれなくなりました。

　これまでは日本のお金、円の硬貨10枚で済んでいたものが12枚必要になった。10円玉2枚分、円の力が弱くなったので、余計に2枚分、必要になったのです。結果、1ドルと交換するための円は、これまで

プラスなの？

100円だったのに、120円必要になった。円という通貨の価値が目減りしたのです。円の価値が下がったから円安なのです。

逆に80円で交換してあげるよ、となったら、円の価値が10円玉2枚分、上がったことになるので、1ドル100円が1ドル80円になるのは、円高なのです。

円相場で大きな違いが

この円高と円安。時に様々なドラマを生み出します。例えば、プロ野球です。日本が産んだ名投手、松坂大輔とダルビッシュ有。それぞれ米メジャーリーグに活躍の場を求めて、渡米しました。この時、移籍先の米国球団から日本の所属していた球団に、移籍の保証金が支払われました。その金額は松坂が5111万ドル、ダルビッシュは5170万ドルと、遜色ない、同じような高い評価でした。ところが、日本の球団が実際に手にした金額には大きな違いが生じたのです。

松坂が米国に移籍した2006年、円相場の平均レートは1ドル116円29銭でした。一方、ダルビッシュの移籍した2011年は同じく79円80銭です。日本の球団が手にした移籍金はドルベースでは、ほぼ同じですが、いざその資金を使おうと円に変えたとたん、松坂の場合

は 59 億円、ダルビッシュの場合は 41 億円と、大きな違いが出たのです。日本の球団にとって、松坂はいいときに米国に移籍したと言えますね。

　前にも述べましたが、日本はアベノミクスによって、長年続いた円高に終止符を打ち、円安になりました。アベノミクスの前、2012 年 11 月までは円高基調で、だいたい 1 ドル 80 円前後の水準で推移していました。最も円が高いところでは 75 円という水準まで上昇しました。それがアベノミクス以降、状況は一変しました。2015 年には一時、1 ドル 125 円台後半まで円安が進みました。日銀の大規模な金融緩和によって、ピーク時に比べて 50 円も円安が進んだのです。

　金融緩和策によって、日銀は年間 80 兆円もの国債を銀行などから買い取り、その分の円資金を世の中に供給しています。出回る円という通貨の量が増えれば、他の通貨と比べて希少価値が下がりますから、円の評価が下がり、円安になったわけです。

　この金融緩和政策、やっているのは日本だけではありません。リーマン・ショック後、世界の主要国は相次いで金融緩和に踏み切りました。早かったのは米国です。2008 年のリーマン・ショック直後から、3 回に分けて金融緩和に動きました。この間、日銀も緩和策を取っていたのですが、小出し後出しの感が拭えず、結果として円高を招いてしまい、それが景気悪化を加速しました。

　米国は早めの金融緩和策がうまく行き、景気が回復したので、ここから先は逆に金融の引き締め、つまり利上げに向かって動いています。2015 年から利上げといって金利水準を引き上げる金融政策を取り始め、2016 年に 1 回、2017 年は 3 回、2018 年は 4 回の利上げに動きました。その結果、米国の長期金利は 3％を超える水準まで上昇してきました。

　欧州は日本より遅れて、2015 年 1 月から大規模金融緩和に踏み切りました。他にも中国、インド、韓国など多くの国が政策金利を下げるなどの金融緩和策を取っています。世界の主要国が競うように金融

緩和に動いているのは、なぜでしょうか。

　金融緩和によって、世の中に出回るお金を増やし、人々がモノを買ったり、企業が投資をしやすくしたりして、経済を元気にするのが、本来の目的です。そして金融緩和の結果、自国通貨が海外の通貨に比べて弱くなり、自国通貨安、日本なら円安になります。

　自国通貨が安くなると、どんないいことがあるのでしょう。自分の国の通貨が安いと聞くと、それは果たしていいことなのか、疑問に感じる方もおられるでしょう。実際、日本は円安によって、どんないいことがあったのでしょうか。

　これといった天然資源のない日本は、付加価値の高い工業製品を輸出することで、国を発展させてきました。代表的な産業が自動車、電機、工作機械、最近では鉄道、発電設備などのインフラも有力な輸出品目になっています。

　日本でモノを作り、それを海外のお客さんに買ってもらう。海外との交易では支払いに使われる通貨は主にドルです。世界で使われる最大の基軸通貨がドルだからです。日本が世界の国にモノを売っても同じで、お客さんはドルで支払います。

　例えば、あなたが文具の製造会社を経営しているとします。ボールペンを作り、米国に輸出することになりました。代金として米国の会社はあなたの会社に１本あたり１ドル、払ってくれることになりました。米国からドルを受け取っても、日本では使えません。そこであなたは受け取ったドルを円に交換し、手にした円でさらにビジネスを拡大していくわけです。

　ここで円相場が重要な役割を果たします。アベノミクスの前、１ドル80円だった時代、あなたはボールペンを１本売って、80円を手にしていました。それが円安になって１ドル100円になったら、特に営業努力をしたわけでもないのに、円での手取りは100円となり、20円も増えました。これは嬉しいですね。

6. 円安は、日本の経済にプラスなの？　47

これが1台1万ドルの自動車だったらどうでしょう。20円の円安で1台あたりのもうけは20万円も違うのです。日本の大手自動車会社は米国で1年間に170万台の自動車を輸出し、販売しています。1台につき20万円、それが170万台となれば、この自動車会社の手にする円ベースの利益は、円安で大きくかさ上げされることになります。

　日本を代表する自動車会社、トヨタ自動車の場合、1円円安が進むと、年間利益が500億円増えると言われています。さきほどの松坂とダルビッシュの例でもそうですが、円高か円安かで、大きな違いが出てきます。プロ野球選手の移籍の場合、日本から米国に投手を輸出したと考えれば、わかりやすいですね。

　これが逆に円高になると、日本企業の取り分は目減りします。1ドル100円から1ドル80円に円高が進むと、1台1万ドルの自動車の円建ての代金は100万円から80万円に下がってしまいます。何も悪いことをしていないのに、円高になっただけで、収益が目減りしてしまうのです。

　日本は輸出して稼いでいる企業が多く、特に規模の大きな企業は海外に自社製品を売ることで、利益を伸ばしているところが多いです。だから円安のメリットを享受できるのです。もちろん、日本の会社の中には海外からモノを輸入し、日本で販売している会社もあります。代表的な例は石油会社や電力会社でしょう。石油会社は原油を海外から輸入し、ガソリンにして国内で販売しています。電力会社も輸入した原油や天然ガスを元に火力発電をして電気を販売しています。原油価格が値下がりすれば円安のデメリットはかなり相殺されますが、輸入が企業活動の中心になっている会社の場合、円安は逆に負担増となります。

　ともあれ、輸入依存度の高い会社にとって、円安は好ましい状態ではありません。ドルで支払う時の円での負担額が増えてしまうわけですからね。他にも、海外の工場で製品を作り、日本に持ち込んで販売

している会社、例えばユニクロでおなじみのファースト・リテイリングという会社や、最近有名になったニトリという会社は、円安によって自社製品の販売原価が上がっています。

　円安にはメリット、デメリット双方あります。差し引いて、日本という国にとっては、自国通貨の円が安くなることの方がメリットが大きいのです。だから日銀の大規模な金融緩和策によって円安が進んだことで、日本の主要企業は輸出が伸び、業績が大きく改善したのです。海外の子会社が稼いでためたドルなど外貨建ての資産も、決算で最終的に円に換算する時、円安でかさ上げされますので、これも業績に好影響を与えました。

日本経済の歴史は円高との戦いだった

　円安は日本にとってメリットが大きいのですが、日本経済の歴史をひもとくと、それは円高の歴史とも言えます。固定相場制の時代、円相場は1ドル360円でした。日本が戦後の復興から立ち上がり、製造業がだんだん力をつけると、米国は1ドル360円という水準では、円が弱すぎると言い出しました。1972年に円とドルの交換は、それまでの固定相場から変動相場制に移行し、1980年代中ごろまで1ドル250円前後で推移することが多かったのです。

　360円が250円になっただけでも、輸出企業の円での取り分は100円超も減ってしまったわけで、かなり大変だったと思いますが、合理化などの経営努力で、なんとか円高を乗り切ったのです。

　ところが1985年9月にまた激震が走ります。米国は多額の貿易赤字と財政赤字に苦しみ、なんとかドルの価値を下げて、輸出を伸ばそうと考えました。日本、米国、英国、フランス、当時の西ドイツの大蔵大臣、中央銀行総裁がひそかに米国ニューヨークのプラザホテルに集まり、ドルが安くなるように市場の流れを変えるための会議を開き

6. 円安は、日本の経済にプラスなの？　49

ました。これが「プラザ合意」と呼ばれるもので、世界の経済の流れを大きく変えた1日になりました。

前日まで1ドル235円だった円相場は、翌日、わずか1日で20円も円高になりました。その後も円高の流れは止まらず、1ドル150円前後が当面の居所になりました。私は1985年に日本経済新聞社に入ったので、このプラザ合意は入社1年目、今も鮮明に覚えています。

急激な円高に慌てたのは、輸出企業です。いきなり円高で取り分が大きく減ってしまうわけですから、業績にも急ブレーキがかかります。採算が悪化しますから、生産量を調整したり、従業員の賃金を減らすなど合理化を急いで進めなければいけません。

当然、世の中は縮み志向となり、景気は悪化します。そこで当時の政府は景気をてこ入れするため、日銀に頼んで金融緩和策を取ったのです。当時は今のようにどこもかしこも金融緩和という時代ではありませんから、この対策はかなりの効果を上げました。市場に出回るお金が増え、カネ余りと言われ、あふれたマネーが不動産や株式市場に流入します。こうして生まれたのがバブル経済だったのです。

その後、バブル崩壊、長い低迷期を経て、ようやく日本経済は復活しました。こう考えてみると、1985年のプラザ合意とその後の円高が、ここまでの日本経済にいかに大きな影響を与えたか、改めて認識できますね。

円高になると企業はどうする

企業の円高対策の最たるものが、工場の海外移転です。日本で作って海外に輸出するビジネスモデルでは、円高の悪影響をもろに受けてしまいます。多少の相場変動や円高でも、それが短期間で終われば、その間は合理化などで頑張ってしのごう、という考え方もできます。

しかし、日本経済の歴史は円高の歴史でした。特にバブルが崩壊し

た 1990 年代以降、円高基調が定着し、もう一度 1 ドル 150 円台に戻るという期待を持つ経営者はいなくなりました。それどころかリーマン・ショック後はさらに円高が進み、とうとう 1 ドル 75 円まで円が上昇しました。

　座して死を待つより、海外に打って出よう。こう考える経営者は国内の工場をたたみ、新たに海外に生産拠点を設けるようになりました。海外で売るものは海外で作る。そうすれば原料や仕入れもドル、販売もドル、もうかったドルをまた海外で投資してビジネスを広げる。こういうサイクルになれば、円高も関係ありません。

　日本の有力メーカーは先を争うように、海外に工場を移転しました。こうなると困るのは、それまで工場で働いていた従業員や下請け企業です。工場が海外に移転したからといって、従業員も簡単に海外に移れるわけではありません。家や家族のことを考えたら、他に仕事を探すしかないでしょう。下請け会社も同様です。一緒に海外に移転できればいいのですが、そう簡単な話ではありません。

　こうして円高による工場の海外移転は、雇用と下請け会社の仕事を同時に奪ったのです。これでは景気が良くなるはずありません。日銀の金融緩和によって円高に歯止めがかかり、2 年間で一時は 50 円も円安になったことで、国内で製造して、海外に販売しても、採算が取れるようになりました。国内工場のラインを増やしたり、工場そのものを国内に戻す動きも出てきました。こうなると雇用も生まれますし、工場周辺の商店街もまた活気を取り戻します。円安は日本経済全体に非常に大きな効果をもたらしたと言えます。

個人にも影響がある円高円安

　こうした円高や円安の影響は会社だけでなく、普通の個人にも及びます。海外旅行が好きだという方、最近、ちょっと頭が痛くないですか。

円高の時代は、海外に行くと、円の強さを実感できたと思います。1万円札を両替すると、1ドル75円の時代は133ドルももらえたのです。それが今はどうでしょう。同じ1万円札を出しても、1ドル115円では87ドルしかもらえないのです。現地で使える通貨が半分近くになってしまったのです。実際にはここから手数料が引かれますから、手にする外貨はもっと少なくなります。現地でのホテル代、交通費なども円安によって高くなっているでしょうし、結果として事前に国内で円で支払う旅行代金も高くなっています。

　旅行ならまだ、いいですが子供が海外留学した親の負担は、円安になると大きくなります。実は私もそのひとりでした。次男が大学時代、1年間、米国に留学しました。大学のカリキュラムで、2年生の秋から3年生の夏まで留学することはわかっていたので、進学が決まってからすぐ、手元の余裕資金をドルに換えました。当時は1ドル95円でしたが、もしアベノミクスが半年遅かったら、1ドル80円で両替できたのに、と思いました。

　実際に留学が始まると、学生寮の費用や生活費など円をドルに換えて、送金しなければなりませんでした。その間、どんどん円安が進み、最後の送金をした時は1ドル120円でした。ちょっと前なら、5割安くて済んだのに、このときは円安を恨めしく思いました。

　ルイヴィトン、シャネル、エルメスなど海外のブランド品が好きな方も、円安のデメリットを感じているかもしれません。フランスやイタリアなどの高級ブランドは、もともと値段が高いのですが、円安の分、さらに価格が上昇しています。

　銀座の百貨店あたりのブランドショップも円高の時代は、若い女性が立ち寄る姿が目立ちましたが、最近は客足が落ちているだろう、と思いきや、そうでもないのです。円安になっても、銀座の高級ブランド店は売り上げが落ちていません。なぜでしょう。

　今、ブランド品をどんどん買っていくのは、主に中国などアジアか

らの観光客です。円はドルだけでなく、中国の通貨、元に対しても値下がりしました。中国の観光客からみれば、元に換算した価格は、これまでより安く感じるのでしょう。加えて、日本の大手百貨店や銀座のブランド専門店なら、模造品を置いている心配はないので、安心して買い物ができるそうです。

　その国の通貨の価値が変動すると、実に様々な影響が、いろいろな場面で出てくるものです。経済がグローバル化すると、その影響はますます大きくなります。

　毎日の買い物でも、円安の影響で小麦の輸入価格が上がり、パンや麺類の価格が上昇したりします。ユニクロなど海外に製造拠点を持つ企業は、円安によるコスト上昇の影響を抑えるため、少しでも労働コストの安い国を求めて、新しい工場を建設したりします。

　円相場が上がったり下がったりすることで、経済は様々な動きをします。会社がもうかったり、損をしたり、仕事が増えたり、減ったり、海外からの観光客が増えたり減ったり、いろいろな変化を促します。まさに経済は連続ドラマですね。円相場のことをここまで知ってしまったら、もう円高も円安も自分には関係ないよ、なんて言っていられませんね。

7.
日本の株式相場は、

株価上昇の意味は

　私が子供のころ、記念切手の発売日になると郵便局には早朝から行列ができました。購入した切手は、封書に貼って使うことはありません。大事に保管します。そして切手販売店の発行するカタログをみて、額面50円で購入した記念切手が数年後、100円の評価を受けているのを確認し、にやりとするのです。

　「開運！なんでも鑑定団」というテレビ東京の番組が人気です。普通の個人が自慢の絵画や骨董品を持ち込み、プロに鑑定してもらう番組です。自分のお宝が高く評価されると、みんなすごく喜びます。中には嬉しくなって、友人や家族におごったりする人もいるでしょう。実際、高い評価を受けた骨董品を売却することは少ないので、おごる分は持ち出しになるのですがね。

　切手にしても、骨董品にしても、自分が購入した原価より、今の評価額が高いと、人は嬉しくなります。もうかった、値上がり前のいいタイミングで買えて良かったと思います。ここでのもうけは、売却して初めて手にすることができます。切手や骨董品を保管したままでは、もうけはあくまで数字上だけのものです。この先、評価が下がれば、たちまちもうけは消えてしまいます。こうしたもうけを「含み益」と

株式相場 なぜ上昇したの？

いいます。

　日本の株式相場が値上がりしています。アベノミクスの始まる 2012 年の後半あたりまで、日経平均株価は 8600 円あたりをうろうろしていました。それが 2018 年には 2 万 4000 円を超えました。ずいぶん風景が変わりました。

　その国の株式相場全体の価値を示す時価総額をみると、250 兆円から 630 兆円まで増えました。アベノミクスによって、400 兆円近い利益がこの国に生まれたのです。国家予算の 4 年分のもうけが突然、出現したわけですから、日本経済にとって、好影響がないはずありません。

　株式や同じく低迷していた不動産の価格が持ち直し、保有していた人は長年の含み損が解消し、逆に含み益を手にしました。そういう人たちが高額品を買い始め、消費をリードしています。これを「資産効果」と呼びます。

　手持ちの株式が値上がりし、あるいは損失が解消し、売却して現金にした人もいるでしょう。一方で、株価がまだ値上がりすると考える人は、保有し続けたり、いったん売却して手にした現金をまた株式に投資したりします。株式投資が好きな人は、なかなかやめられないものなのです。

日経平均株価って何？

　株式相場の現状をみるうえで、指標になるのが日経平均株価と呼ばれる指数です。まえがきでも触れましたが、これは日本経済新聞社が毎日、算出している指数で、日本を代表する225社の株価を総合的に指数化したものです。わかりやすく言えば、日本経済の気温のようなものです。気温は上がったり下がったりしますね。日本経済の体感温度も、その時々の景気情勢や対外的な要因で上がったり下がったりします。それを端的に示しているのが日経平均株価なのです。

　同様に米国ではダウ工業株30社平均、英国ではフィナンシャルタイムズ100社指数といった、その国を代表する株価指数が存在しています。テレビのニュースで毎日紹介している株価の情報は、日経平均が使われることが多く、米国株はダウ平均が使われることが多いです。

日本株は一時、ピークから8割下げていた

　日本の株式相場はバブル経済のさなか、1989年12月末にピークを迎えました。日経平均は3万8915円の最高値をつけました。その後、バブルが崩壊し、右肩下がりで株価は下落します。2008年のリーマン・ショックの直後、日経平均は一時、7000円を割り込む水準まで下げました。ピークからの値下がり幅はなんと80%を超えました。

　こんなに下げても、日本株を買う人は増えませんでした。日本は投資する魅力がないと判断した海外の投資家は、アジアへ投資するなら日本より中国、と考えるようになったためです。欧米の金融機関はリーマン・ショック後、日本の拠点をどんどん縮小しました。そんな失われた20年が変わるきっかけになったのが、アベノミクスでした。

　始まりは2012年11月14日の国会でした。当時の民主党、野田佳彦首相が自民党の安倍晋三総裁との党首討論で、衆議院の解散を宣言

しました。日本株の復権はここから始まりました。野田内閣が衆院解散を決めた前日（2012年11月13日）の日経平均は8661円でした。ここから2年ちょっと、2015年4月10日、ついに日経平均は一時、2万円の大台を回復したのです。その後も日本株は上昇を続け、2018年には2万4000円を超えました。

　野田内閣まで3代続いた民主党政権の時代は、日本経済にとって暗黒の時代でした。日米関係は悪化し、東日本大震災もありました。衆議院の解散が決まり、選挙で再び自民党政権が誕生するという期待が高まったことで、日本の株式相場は上昇を始めたのです。予想通り、衆院選で自民党は圧勝、12月に誕生した安倍晋三内閣のもと、経済政策アベノミクスが始まったのです。

　いち早く動いたのは、海外の投資家でした。東京証券取引所がまとめる投資部門別株式売買動向によると、衆議院解散の決まった11月第2週から安倍政権が誕生した12月第4週までの間に、海外の投資家は2兆1000億円も日本株を買い越しました。2011年の年間買い越し額が1兆9000億円でしたから、わずか6週間で、1年分以上の日本株を買ったのです。翌2013年には海外投資家の買い越し額は年間15兆円に膨らみました。その後も海外の投資家は日本株の買い基調を維持しています。

　海外の投資家はなぜ、日本株を買い始めたのでしょうか。それは外国人投資家が安倍内閣のもとで日本は変わると確信したためです。彼らの脳裏にあったのが、2005年の小泉純一郎総理が主導した経済改革です。郵政民営化法案を国会で否決された小泉首相は、衆院の解散に打って出て、圧勝しました。解散直前の日経平均は1万1766円でしたが、選挙終了後から外国人投資家の買いが急増し、2005年末には1万6344円まで駆け上がりました。翌2006年になっても騰勢は衰えず、同年4月には1万7563円まで上昇しました。

　安倍政権のもとでも海外投資家のもくろみ通り、日本の株高は加速

します。2012年12月、1万円の大台を回復した日経平均は2013年12月には1万6000円台、2014年12月には一時、1万8000円回復と、小泉内閣の時と同様、大きく値上がりしました。そして2015年4月、日経平均は15年ぶりに、今世紀で初となる2万円の大台を回復しました。その後も2017年10月にはバブル崩壊後の戻り高値2万2700円を26年ぶりに上回り、2018年には2万4000円を超えたのです。

日本株上昇のわけ

　なぜこんなに短期間に、日本の株価は値上がりしたのでしょうか。第一に日銀の金融緩和による円安で、主要企業の業績が劇的に改善したことが大きいです。円相場は1ドル80円あたりの水準からどんどん下がり、100円でも止まらず、一時は120円台まで円安が進みました。

　日本の主要企業は、自動車、電機、機械など、大半は海外で自社製品を売って利益を上げています。上場企業の場合、国内の売り上げより海外の売り上げが多い企業は、過半数を超えるようになりました。円安により、輸出がしやすくなると同時に、海外で稼いだドルなど外貨を円換算した利益が、円安によって膨らみました。

　こうした業績の改善を好感して、海外を中心に投資家が日本株を買い始めたのです。海外の投資家は日本経済の低迷が長かったため、日本株への投資をやめていました。小泉改革の時に日本株を買いましたが、リーマン・ショック後、大半を手放しました。日本株を持つくらいなら、他のアジア諸国の株式を持った方がいいと、多くの海外投資家は考えるようになりました。

　しかしアベノミクス以降、値上がりが見込める日本株を保有していなければ、もうけも出ません。彼らが大慌てで日本株を買い始めたのも、こういう背景があるからです。まさに持たざるリスクを感じてい

たのですね。先行した海外投資家の後を追うように、日本国内の投資家も日本株を買い始めます。2013 年は海外投資家が積極的に買う一方、日本の投資家、中でも個人投資家はあまり買いませんでした。

20 数年間に渡る日本株の下げ相場を見慣れていたので、海外投資家に比べると、株価の先行きに懐疑的だったためです。2013 年初めにこの年の株価はどうなるか、プロが予測する記事が掲載されました。当時の記事をみると、プロたちの高値予想は日経平均で 1 万 1000 円から 1 万 2000 円に集中していました。日本の投資家はまだ株価の先行きに自信を持っていませんでした。

手前味噌になりますが、私は 2013 年 4 月に「今年の高値は日経平均 1 万 7000 円、2 年後には 2 万円」と宣言していました。当時の日経平均は 1 万 1000 円台でしたから、周囲の失笑を買いました。後になって、「俺はあの時、言い当てていた」と自慢する人もいますが、私の日経平均 2 万円予測は、証拠が残っています。BS テレビ東京というテレビ東京系の放送局が 2013 年 4 月に始めた「日経プラス 10」という番組です。放送初回の 4 月 1 日に出演した私は、「日経平均は 2 年で 2 万円」と宣言し、ちょうど 2 年後の 2015 年 4 月、この予想が現実のものになりました。その直前、私は日経 e 新書という電子書籍でも『よみがえる日本株 日経平均 2 万円への道』という本を執筆していました。

個人的な話はこのくらいにして、日本の投資家や市場関係者が、株価の先行きに慎重姿勢を保ったままだったので、日経平均が年末、1 万 6000 円まで上昇した 2013 年は、15 兆円買い越した海外投資家の一人勝ちになりました。以後も外国人が日本株市場におけるメインプレーヤーであり続けています。

国内では日銀が有力な買い手に

日本国内の買い手では日銀が 2013 年に年間 2 兆円株を購入する

と宣言しました。これは大規模金融緩和の一環です。買い入れは国債が中心ですが、日本株も買うことになったのです。対象になったのはETFと呼ばれる、株価指数に連動して運用される投資信託です。その後、日銀は年間に買い入れるETFを6兆円にまで拡大しています。

　日本の投資家が本格的に参戦したのは2014年以降です。この年から政府系の公的年金が日本株の購入を始めました。日本の公的年金は長い間、そのほとんどを国債に投資していました。国債の利回りは高い時でも1%台後半でしたから、利息収入だけで将来給付される年金の原資を増やすことは難しい状況でした。

　景気が回復すれば金利が上がります。利率が上がるのはいいのですが、金利が上がれば、年金が保有している国債は価格が下落する可能性が高くなります。年金はたくさん持ち過ぎていた国債を売却し、あまり持っていなかった日本株を買い始めました。以前は資産全体の17%程度しか日本株を保有していませんでしたが、これを25%まで増やすことにしたのです。公的年金は額が大きく、関係する年金をすべて合算すると180兆円にもなります。その8%ですから、15兆円近くの買いが日本株に入ったのです。

　個人投資家も買い始めました。その有力な手段になったのが、2014年1月から始まった少額投資非課税制度（NISA）です。NISAは2014年から始まった資産作りのための制度です。英国の貯蓄制度であるISAが土台になっており、その日本版ということでNが付いてNISAになりました。2023年まで、毎年120万円の非課税投資枠が設定され、この範囲での投資なら配当や売買益に課税されません。通常はそれぞれ20%課税なので、投資家にはメリットがあります。非課税の期間は最大5年間です。

　2018年には積み立てNISAが始まりました。毎月一定額を積み立てて非課税で投資できる制度です。投資金額の上限は年40万円と通常のNISAより低いですが、投資期間は20年と長いので、若者層の資産

作りに向いています。積み立て NISA の誕生で、銀行預金から証券投資へと新たなお金の流れが生まれつつあります。

　公的年金、日銀、NISA、海外の投資家と買い手が増え、日本株は上げのピッチを早めていきます。企業の自社株買いも増えてきました。海外投資家も最初はヘッジファンドと呼ばれる短期間での保有を前提に利益を狙う投資家が中心でしたが、次第に長期保有を前提とする投資家も加わってきました。

　売り手より買い手が多ければ、株価は上昇します。2013 年以降は買い手が多い状態が続いています。それが株高となった大きな理由です。企業業績が円安によって大きく改善する。それを先取りして海外の投資家が日本株買いを再開し、日本の投資家も追随したことで買い手が増えました。これが日本株が大きく上昇した背景なのです。

　株価は経済の鏡です。その国の経済が好調なら株価は上昇します。株式相場が高くなると世の中が明るくなります。含み益を得た投資家は気分が良くなり、お金を使い始めます。自社の株価が上がれば、企業も元気が出ます。高くなった株価を生かして、海外の企業を買収する動きも増えました。

　株価が上昇したところで自分には何もいいことはない、と思っている方もいるかもしれませんが、知らないところで恩恵を受けていたりします。例えば上場企業に勤めている方は、従業員持ち株会を通じて、自社の株をコツコツ買っていれば、株価上昇の恩恵はあります。そうでなくても、公的年金は日本株投資を増やしていますから、株高になれば、私たちの将来の年金の原資は増えます。株高は日本経済にとって、間違いなくいいことなのです。

7. 日本の株式相場は、なぜ上昇したの？　61

8.
日本の国債は、本当に

日本という国の借金

　会社の昼休み、サラリーマンは連れだってランチに行きます。楽しい食事が終わり、レジでお会計になったとき、こんな人がいました。「いけねえ、財布を会社に置いてきちゃった。悪いけど1000円貸してくれないか」。

　ここで「いいよ」と貸してあげるか、「悪いけど貸せないよ」と思うか、その違いはこの同僚が信頼できるかどうかでしょう。これまでもお金を借りることがあったが、翌日にはきちんと返済してきた人なら、安心して貸すことができます。でも、ちょくちょく借りるくせに、いつも踏み倒してばかり。そんな人だったら、貸すのをためらいますよね。

　もし日本という国が、あなたに「お金を貸してください」と言ってきたら、どうしますか。この国はきちんと返してくれそうですか。それとも踏み倒しそうですか。

　日本政府の借金こそが、国債です。国債は国が発行する債券のことです。いわば日本という国が借金をしてお金を借りた際の証文のようなものです。借金の利子として、債券には金利がついています。投資家が債券を保有していれば、発行時に決められた金利を毎年、受け取ることができます。

大丈夫なの？

　これまで、日本政府は借金をきちんと返すと誰もが思ってきました。これから先もおそらく心配ないと考える人が多数でしょう。だから人々は安心して、日本の国債を買っています。日銀が毎年、大量に国債を購入しているのも、安心感につながっています。債券を発行するのは国だけではありません。都道府県などの地方自治体も発行します。企業も発行します。前者を地方債、後者を社債といいます。

　債券は借金ですから、元本が確実に返ってくると信じる投資家しか買いません。国債の場合、日本の政府が発行するのだから、元本が返ってこなかったり、途中で利払いが滞ったりする可能性は小さいと、誰もが思っています。

海外では返済不能の例も

　ところが、政府が発行する債券だから大丈夫かというと、必ずしもそうではありません。例えばアルゼンチンは2001年、政府の発行した債券で元本を返済できませんでした。これを「債務不履行、デフォルト」と言います。ギリシャも過去に発行した国債を償還する資金が不足し、国際市場で大きな問題になっています。

　日本の国債はどうでしょう。アルゼンチンのように返済不能になる

63

と心配している人は、ほとんどいないと思います。一方で、日本政府の借金は 800 兆円にも膨れあがっています。それでも国債を発行しないと予算が組めませんから、政府は国債を発行し続けます。まるで自転車操業です。いつか破綻する心配はないのか。実際、一部の評論家などは「日本の国債はいずれ大暴落する」と指摘しています。

　先行きの心配はさておき、ここでは日本の債券市場について基本的なことを学びましょう。

日本国債の基礎知識

　日本政府は毎月、国債を発行しています。たくさんの種類を出しています。償還までの期間が長いものでは 40 年、以下 30 年、20 年とあり、最も主流になっているのが期間 10 年の国債です。これを長期国債と呼び、私たちの身近にある住宅ローンの金利などを決める基準になっています。ほかにも 6 年、2 年と年限の短いものもあります。金利が経済状況によって変動するタイプの国債もあります。

　国債は財務省が毎月、入札を行い、金融機関が応札し、購入しています。私たち個人の投資家は銀行や証券会社など金融機関を通じて、国債を購入できます。

　代表的な 10 年債の場合、2018 年の時点で金利は 0・1％台です。1 万円分の国債を購入すると、利息として 10 円がもらえる計算です。実際はここからさらに 20％の税金が引かれるので、手取りはもう少し、少なくなります。100 万円分購入すれば、年間の利息は税込み 1000円です。

　これを多いとみるか少ないと見るかです。銀行の定期預金の利息はメガバンクの場合、年 0・01％ですから、それに比べれば多いと言えます。銀行預金は 1000 万円までは元本が保証されますから、元本保証のない国債より金利が低くなるのです。

64

一方、株式投資に比べたらどうでしょう。株式は値上がり益を狙って投資することが多いですが、保有していると配当を受け取ることができます。配当を利回りに換算すると、日経平均株価の採用銘柄でみると、平均２％程度です。もし株価が下落しなかったら、配当収入は国債や預金より魅力的です。

　債券と株式の大きな違いは、価格変動リスクの大きさです。株式は上げ下げが激しく、場合によっては会社が倒産し、紙くずになってしまうこともあります。債券も日々、価格は変動しますが、その幅は株式に比べると小さく、元本が償還されないというリスクは、株式に比べれば小さいです。特に先進国の政府が発行する債券である国債なら、元本が償還されないリスクはより小さくなります。

　銀行や生命保険会社などが国債を購入するのは、比較的安全度が高い投資先だからです。銀行や生保が国債に投資しているお金は、もとをただせば私たちの預金や保険料です。銀行は預金で集めたお金を貸し出しに回します。私たちに払う利息より、貸し出し先から受け取る利息が高いので、その差額が収益になります。景気が悪くなると銀行からお金を借りる会社は減ります。一方で景気が悪くなると人々は安全志向を強め、銀行に預金しようとします。預金は増えるが、貸し出し先は少ない。そこで銀行は国債を購入することで、運用益を確保するようになったのです。

　預金の利息は定期預金でも年０・０１％、国債の利息は０・１％ですから、十分にさやが取れます。保険会社や公的年金も安全度が高い国債に資金を向けてきました。保険金や年金はいずれ契約者や国民に支払う必要があるお金ですから、元本が返ってくる可能性が高い国債で、資金を運用しているのです。ところが銀行が国債を買うばかりで、貸し出しをしないのでは、景気は良くなりません。そこで日銀は大規模金融緩和策で、銀行などから国債を大量に買い上げるようになったのです。

8. 日本の国債は、本当に大丈夫なの？　65

債券には利息が付く 🏦

　債券には利息が付くと述べましたが、その利息は債券によって違います。わかりやすく言えば、信頼できる発行体であるほど、利息は安くなります。投資家が元本償還や利払いが滞る心配があると判断する場合、発行体は利息を高くすることで、投資家に買ってもらおうとします。

　ですから日本の場合、政府の発行する国債の金利が最も低く、地方債、社債とだんだん金利が高くなっていくのです。社債の中でも、業績がよく信頼できる会社は低い金利で社債を発行できますが、そうでない会社は高い金利を提示しないと、投資家が買ってくれません。

　発行体の信頼度は「格付け」というランキングである程度、知ることができます。格付け会社がそれぞれの債券を安全度に応じて、ランク付けします。最上位のトリプルＡになると、リスクが最も低く、金利水準も低めに設定できます。日本は以前は最上位のトリプルＡでしたが、最近は２番目のダブルＡ格になっています。

　会社にもそれぞれ格付けあります。企業が社債を発行する場合、利率は１％台など国債より高い金利設定になることが多いので、投資家に人気が出て、すぐに完売などということもよくあります。

　日本の債券は多くは円建てで発行されますが、海外の政府や会社が発行する場合、ドルなど外国通貨建ての債券になります。米国政府の発行する国債は世界の投資家が買っています。発行量が多く、ドルは世界中で通用する基軸通貨ですから、安心感があるのでしょう。

　日本の投資家がドル債など外貨建て債を購入する際は、注意が必要です。債券の価格そのものが大きく下がることは少ないですが、為替リスクが発生するためです。例えば日本でドル建ての債券を購入する場合、まず円をドルに換えて、ドル債を購入します。満期に元本が返ってくるとき、購入時より円安になっていれば、為替差益が発生します。

これはラッキーですね。

　でも購入時より円高になっていたら、逆に差損が発生します。計算してみたら、保有期間中に受け取っていた利息収入が、為替差損ですべて吹っ飛んでいた、などという例もあります。アベノミクスの前は円高基調でしたから、日本の機関投資家も外債投資で損をしたケースがありました。

　日本の国債が安全かどうかですが、しばらくは心配しなくて良さそうです。少なくとも、日銀が国債を大量に購入している間は、相場が大きく崩れる心配はないでしょう。今後、日本の景気が一段と回復し、日銀が国債の購入やめる時は、注意が必要です。2018年の米国がまさに、そのタイミングでした。米国は中央銀行が国債の購入をやめ、利上げに動きました。すると債券の利回りが上昇し、価格は大きく下がりました。日本もいずれ、そのタイミングがやってきます。日銀が国債の購入をやめても、大きな混乱がないようにしなければなりません。そのためには景気を回復させ、税収を増やし、いつまでも国債に過度に依存した予算編成から脱却する必要があります。今は国債金利が０・１％程度と低いので、国の利払いも少なくて済んでいますが、景気が良くなり、金利水準が上がると、国債の金利も上がり、国の利払い負担も増えてしまいます。

　新規の国債発行を減らすことができれば、国債価格そのものも維持できますし、利払い負担も減り、財政は健全化します。日本がこうした難題に取り組むのは、早くても2020年以降でしょう。景気を回復させ、なお国債市場を安定させるのは難しいですが、日本にとって克服しなければならない課題です。

8. 日本の国債は、本当に大丈夫なの？　67

9.
原油価格に日本経済が

ガソリン価格で一喜一憂

　若者のクルマ離れが指摘されていますが、自動車に乗る人はまだまだ多いです。仕事で使う人も多いでしょうし、地方に行けば自動車がないと生活が成り立たないケースも多く、一家に一台どころか１人一台、自動車が必需品になっています。

　自動車を毎日乗る人にとって、気になるのがガソリン価格です。これがけっこう、大きく動くのです。例えば、2008 年にはハイオクガソリンが１リッターあたり 180 円台まで上がりましたが、2014 年末あたりから 120 円台まで下がりました。その後は 2018 年に 160 円台と、かなり激しい値動きです。

　理由は簡単。原油価格が変動するからです。ガソリン価格はほぼ原油価格に連動します。原油価格は石油輸出国機構（OPEC）総会で基本的な水準が決まります。OPEC は中東の産油国で構成しています。イラン、イラク、クウェート、サウジアラビア、ベネズエラの５カ国で始まり、カタール、アルジェリアなどが加わった今は 13 カ国が加盟しています。全世界の原油生産量の４割以上、埋蔵量の７割以上を占めることから、生産調整などにより原油価格に大きな影響を及ぼしています。

68

原油価格

敏感なのはなぜ？

　2014年以後、サウジアラビアなど産油国が原油の生産量を減らさない方針を固め、これをきっかけに原油価格が下がり始めたのですが、2017年以降、中東における政治的な緊張の高まりから、また原油価格は値上がりしました。

　原油は世界の主要国がこぞって消費する、最も重要な資源のひとつです。その国際価格は様々な要因で変動します。例えば産油国周辺で大きな紛争が起きれば、たちまち原油価格は暴騰します。米国が記録的な寒波に襲われても、原油は上がります。

過去には1バレル147ドルも

　1990年代後半、1バレル10ドルを下回る時もあった原油価格は、2000年以降、100ドル程度で推移していました。その後、2008年7月に147ドル台まで上昇、最高値をつけました。ちなみに原油の単位であるバレルというのは、石油の運搬に使った樽を語源にするもので、1バレルは約160リットルです。

　原油価格が急騰した時の背景は、中国やインドなど新興国で工業が発展し、原油の需要が増えるとみる投資家が、原油先物を積極的に買ったためです。実際に石油を買うわけではなく、先物という原油の相場

の先行きをみるための市場で、思惑的に買いを入れました。直後のリーマン・ショックで原油価格は一時、大きく下がりますが、その後は世界的な金融緩和であふれた投資マネーが先物市場に流入し、1バレル100ドル程度の相場が続いていました。

　ここ数年、シェールガス、シェールオイルという言葉をよく耳にするようになりました。これらは頁岩と呼ばれる堆積岩の層から採取される天然ガスや石油のことです。頁岩は非常に粒子が細かく、液体や気体を通す隙間がほとんどないため、資源を回収するのに高度な技術が必要でした。採掘に必要な技術が徐々に進歩し、原油価格が100ドル程度で高止まりしていたため、シェールガスやシェールオイルの採掘をしても、採算が取れるようになりました。米国ではシェールガスやシェールオイルの開発が始まり、原油価格は2014年ごろから、じりじり下がり始めました。

　こういう状況の中でOPECが石油の産出調整をしなかったため、原油価格が一気に下がったのです。2015年3月には42ドル台まで下がりました。こうなると、シェールガス、シェールオイルは新たに開発した場合、また採算が取れなくなってしまいます。2015年に入って、米国では新規の開発が止まってしまいました。採算の取れる最低ラインが1バレル60〜70ドルと言われており、ここを安定して上回る状況にならないと、新規の開発は始まりません。

中東情勢が混迷すると原油は上がる

　2017年以降、原油価格はじりじり上昇しています。理由は産油国である中東の政治情勢が緊張感を増しているためです。米国のトランプ大統領はイランへの経済制裁を強化し、イランから原油を購入しないよう、友好国に要請したりしました。イラン産の原油供給が減るという予想から、原油価格は上昇しました。また2018年10月にはサ

ウジアラビアで国内政治が混迷し、それが原油価格の上昇につながりました。

　原油に依存した国家運営をしているのは中東諸国だけではありません。ロシアもその1つです。2013年ごろまで、国際社会ではロシアの台頭が目立っていました。世界の主要国の仲間入りをして、それまでの先進7カ国G7体制がG8体制になったほどです。

　原油価格が下がり始めると、ロシアは経済が厳しい状況になります。2014年には厳しい現状を打開するため、クリミアに侵攻、併合して国際社会の批判を浴びました。その後、ウクライナでも武力侵攻を重ね、G8から事実上の除名処分を受け、また世界の体制はG7に戻りました。

　ロシアは原油や天然ガスを世界に販売して、国力を維持しています。米国でシェールガスやシェールオイルがどんどん開発されると、これまでロシアから買ってくれていたお客さんが、米国に流れてしまうかもしれません。

　ロシアは最近、国際政治の舞台で日本にすり寄る姿勢を見せ始めています。米国や欧州各国がウクライナ問題でロシアに経済制裁に踏みきる中、日ロ首脳会談の実現に動きました。理由はサハリン沖などで採掘される天然ガスを日本に買ってもらいたいからです。

　原油価格が下がったままでは、米国にとってはシェールガスなどの開発が止まってしまうため、本来なら好ましい状況ではありません。それでも米国の政府高官は原油価格の上昇を牽制するような発言をよくします。原油価格が低迷して困る国の代表格はロシアであり、イラン、ベネズエラもそうです。いずれも米国とは敵対関係にあり、原油価格を低いまま維持することは、米国にとって経済戦争を仕掛けているようなものなのです。

9. 原油価格に日本経済が敏感なのはなぜ？　71

原油が下がれば日本にメリット

　一方、日本経済にとって、原油価格が下落すると、メリットが大きいです。日本は年間 28 兆円、化石燃料を輸入しています。2014 年から 2015 年にかけて、円相場は 1 ドル 100 円程度から 120 円台まで円安になりました。円安は輸入価格を引き上げます。原油を輸入に依存する日本にとって、円安はコスト増要因にほかなりません。

　しかし、2014 年秋まで 1 バレル 100 ドル程度で推移していた原油価格は、2015 年に入り、一時は 40 ドル台、その後も 50 ドル台の低い水準まで下がりました。ざっと半値になったわけです。年間 28 兆円を輸入している原油の値段が半分になったのですから、これは朗報です。一方、円安で価格が実質高くなる分を差し引く必要があります。

　ラフな計算ですが、価格が 5 割下がり、為替で 2 割の負担増で、差し引き 3 割分、8 兆円程度、日本経済にメリットが生まれました。産油国から日本に 1 年間で 8 兆円のボーナスがあったのと同じです。これは日本経済にとって、大きなメリットです。その後、原油価格は 2018 年にじりじりと上昇しましたが、それでも 1 バレル 60 ドル台で推移することが多く、まだまだ日本経済が恩恵を受ける水準で推移しています。

　大手シンクタンクの試算では、原油が値下がりすると、半分は企業が利益として計上し、残り半分は製品価格の下落となって、我々消費者に還元されます。原油やガソリン価格が下がれば、私たちの生活もメリットを受けるわけです。

もう 1 つ注目の商品相場が金

　原油と同じように、国際市場で世界の投資家が売買しているのが金です。ここ数年、金は日本の投資家に急激に浸透しました。それまで

は一部の投資家が金の先物取引を手がけたり、資産の一部として金の延べ棒を保有する人がいる程度でした。2008年のリーマン・ショック後、金の価格が急上昇し、値上がり益を狙って、これまで金投資に縁がなかった人たちが、新規に参入してきました。

金が値上がりしているというニュースを聞いて、たんすの奥深くにしまい込んでいた金のネックレスやイヤリング、中には祖父母の金歯まで、貴金属店に持ち込んで、現金化する人も増えました。

金はネックレスであろうと指輪であろうと、その重さに応じて、市場価格で買い取ってくれます。ダイヤモンドは買うときは高価ですが、価格はあってないようなものなので、買い取ってもらうと、思わぬ安値を提示され、びっくりしたなんて話も聞きます。私の周辺にも悲しい事例がありました。婚約指輪にダイヤを100万円で買い、その後、女性に振られたため、質屋で売却しようとしたら、10万円と言われて、がっかりしていました。金はその点、デザインや形状に関係なく、重さで売却価格が決まりますから、いざという時にも安心です。

携帯電話などから回収される金も含めて、買い取られた金はリサイクルされ、輸出されています。日本は金の産出量が少ないのに金の輸出国になっているのは、こうした背景があるためです。2020年の東京五輪・パラリンピックの金メダルは、こうした携帯などからリサイクルされる金が活用されます。これを「都市鉱山」などと言いますが、希少金属のリサイクルが進むのは大いに歓迎したいですね。

金価格の指標となるのは米ニューヨーク商品取引所の先物価格で、1トロイオンス（約31グラム）の価格が、新聞などに表示される、いわゆる金の国際市場の価格になります。リーマン・ショック直後の2008年11月に1トロイオンスあたり750ドル程度だったのが、2011年11月には1900ドル超まで上昇しました。

金が急騰したのは、リーマン・ショック後、世界の基軸通貨だった米ドルへの信頼が低下したためです。景気の急激な落ち込みに対応す

9. 原油価格に日本経済が敏感なのはなぜ？ 73

るため、米国の中央銀行はドル通貨の供給量を大幅に増やしました。その結果、ドルの価値が下がり、円も値上がりしたのですが、それ以上に値上がりしたのが、無国籍通貨の金だったのです。

　金は現物がロンドン市場で値が付き、先物はニューヨーク市場で値が付くなど、国際的な商品ですが、株式や債券に比べると市場規模ははるかに小さく、値動きが激しい面もあります。リーマン・ショック後は投機的な資金が金市場に流入し、それが価格の急上昇につながりました。

　金はインフレーションやデフレーションなど急激な経済変動に強いと言われています。リーマン・ショック後もそうでしたが、例えば、1970年代に原油価格が急騰したオイル・ショックの後も金価格は大幅に上昇しました。経済が急変動するときは、企業の経営も不安定になるので、株価が乱高下したり、債券も変動幅が普段より大きくなったりします。金はこうした変動時にも堅調に値を上げることが多く、「有事の金」と言われることもあります。

　もうひとつ金の強みは、信用リスクと無縁ということです。株式や社債は発行している企業の経営が破綻すれば、最悪の場合、紙くずになってしまいます。一方で、金は倒産リスクや破たんリスクとは無縁です。リーマン・ショックの後、安全と言われていた米国債を売却し、金に乗り換える投資家が増えました。こうした資金の移動は、新興国の中央銀行でもみられ、外貨準備におけるドルの比率が低下し、金の比率が高まっています。中国、インドなどの政府が一時、積極的に金を購入していました。

下がり始めた金価格 📖

　ところが2013年ごろから金価格は下がり始めました。2014年には1100ドル台まで下落し、その後も2018年は1200ドル台と低

迷しています。なぜでしょう。金は長期間保有していても、利息を生みません。株式なら配当、債券なら利金を受け取ることができますが、金の場合は受け取るどころか、逆に保管料を支払うこともあります。

　利息を生まない投資対象なので、金は米国の金利が上昇する局面では、値下がりすることが多いのです。表面利率が高くなった新規発行の米国債を購入すれば、より高い金利収入を得ることができるためです。米国は金融緩和をして米ドル資金を大量に供給する政策を取り、ドル金利は低下してきましたが、2015年以降、利上げに動き出し、2018年は4回利上げしました。ドル金利が上昇し始め、逆に金価格は下落したのです。

　投資とは、いわばお金に働いてもらうことです。株式や債券などの運用は、値上がり益のほか、その成果を配当や利息の形でも受け取るわけですが、金の場合は利息のように自ら稼いでくれることはありません。むしろ金は稼いだお金の価値を保全するための手段と考えるといいかもしれません。

　金の投資に詳しいプロは「金はしょせん投資の脇役。株式や債券と同列に扱うのは間違い」と指摘します。金を一度に大量に購入するのではなく、資産全体に占める金の比率も「せいぜい1割、多くても1割5分程度にとどめるべきだ」といいます。

9. 原油価格に日本経済が敏感なのはなぜ？　75

第2章
日本経済の これからを 知ろう

10.
働き方改革。これから

働き方改革って何？

　働き方改革という言葉をニュースでよく耳にするようになりました。改革という以上、今より働き方が良くなるのだと期待したいものですが、何がどう変わるのか、よくわからない方も多いと思います。

　まず、なぜ今、日本は働き方を変えなければいけないのでしょうか。1つは少子高齢化という大きな変化へ対応する必要があるためです。実際に仕事に就ける年齢と言われる日本の生産年齢人口（15歳〜64歳）は、1995年を境に減少の一途をたどっています。この状態を放置すれば近い将来、日本の労働環境は破綻することが見えています。そこで政府は「一億総活躍社会」というキャッチフレーズのもと、女性の職場進出や高齢者の活用、介護や子育てなど個人の事情に合わせた新しい働き方を提案し、実行しようとしています。このような政府の政策をまとめて、「働き方改革」と呼んでいます。

経済情勢の変化が働き方を変える

　日本人はよく働く、働きのが好き、などとよく言われます。確かに日本人はまじめで勤勉です。かつて高度成長期、モーレツサラリーマ

何がどう変わるの？

ンと呼ばれる世代が日本の経済成長を支えました。満員電車に揺られて朝の8時から9時ごろに出社し、定時の夕方5時から6時くらいでまで、びっしり働く。残業も当たり前、帰宅は深夜。土日の休日出勤もいとわない。そんなライフスタイルが珍しくありませんでした。

就職も一括採用が続き、高度経済成長期には地方の中学卒の人材が「金の卵」などともてはやされたり、工業高校、商業高校などの卒業生が即戦力として期待された時代もありました。次第に高学歴化が進み、大学進学率が50%を超えるようになっても、4月入社を前提とした一括採用は続いています。

こうした画一した働き方は、企業からすれば効率はいいのですが、少子化、高齢化が進み、生産年齢人口は減る一方です。それを補うには、これまで働いていなかった女性や高齢者にも働いてもらう必要があります。ただし体力が衰えていたり、子育てや介護を抱えた人は、勤務時間や勤務場所などを柔軟に決める必要があります。個人のライフスタイルに合わせた職場を提供することで、日本全体の労働力の目減りを補う政策が働き方改革の本質です。働く意欲のある人に、できるだけ多く働いてもらえる環境を用意する。働く人は所得税を納めますから、国にとっても財政のサポートになります。本音を言えば、政府が最も期待しているのは、この税収の部分でしょう。

人口構成に変化

　もし日本の人口構成が若い世代が多く、高齢者が少ない発展途上国のようなピラミッド型であれば、生産年齢人口もそれなりに多くいるので、働き方改革は必要ありません。実際、70年ほど前の日本なら、人口構成はピラミッド型でしたから、働き方改革など論じる必要はありませんでした。今の日本は高齢化に加え、出生率が低く、生まれてくる人が少ない「逆ピラミッド型」になっています。2060年には生産年齢人口は4500万人とピークの半分程度まで落ち込むとの試算すらあります。当然、働く人が減れば税収も減りますから、医療や福祉の水準を保つには、高齢者や女性、障害者や外国人を活用し、そういう人たちのライフスタイルに合った職場を提供し、所得税を払ってもらうしかないのです。

政府の立場と個人の立場

　働き方改革を政府の側からみると、65歳以上の人を労働の戦力とすれば、国が支払う年金は減り、逆に国が受け取る税金が増えることになります。それは日本の財政の健全化につながります。そのために個人が気持ちよく働き、自己実現できる環境を作ることが重要になります。

　一方、個人からみれば、ワーク・ライフ・バランスの適正化、残業時間の減少、働きたい時間に働くことで、自分が望む選択ができるようになります。人生をより自分らしく送ることができるようになれば、こんな嬉しいことはありません。現在、家庭の中で家事に専念している女性でも働きたいと思うなら、その機会を提供する。望む職場がなくて働けない高齢者にも、多様な働き場を用意する。そのためには企業がこれまでの労働環境を大きく見直す必要があります。

　それが残業時間の短縮であり、裁量労働制の拡大、在宅勤務の推進、

育児休業制度の拡大、介護休暇の付与などで、それをサポートするために
テレビ電話やパソコンなど IT 技術を活用したシステムが登場しています。

裁量労働制と同一労働同一賃金

　働き方改革の目指すゴールとして、働く人の健康を守ることも重要です。長時間働いた結果、うつなど心の病になるケースもあります。これまでも会社と労働組合の話し合いで、残業時間の上限は決められてはいましたが、同意が得られれば、例外規定として長時間労働が容認されることがありました。

　政府はこうした事例を減らすため、残業時間は平均で 80 時間以内という上限値を決めました。また大企業では残業時間が 50 時間を超えると、それ以後の残業時間に対する賃金割り増し率を 50％としました。

　また日本の労働慣行で改善の必要があるのが、同一労働同一賃金と呼ばれる制度の導入です。同じ仕事を同じ時間こなせば、同じ給与を支給されるという考え方です。日本ではリーマン・ショック後、非正規雇用の労働者が増えました。正社員である正規雇用者と非正規雇用者の間に賃金の格差があり、それが大きいと非正規雇用者の働く意欲がそがれてしまいます。実情は非正規雇用者の賃金は正規雇用者の 6 割程度と言われています。もちろん正規雇用者は長時間労働や転勤などの条件も承知のうえで働いていますから、全く同じ賃金ではおかしいという部分もあります。まずは欧米並みの賃金格差である 80％程度に是正するのが現実的かもしれません。非正規雇用者は全体の 4 割を占めると言われており、こうした層の賃金が上がれば、消費を刺激し、景気全体にも好影響を及ぼすでしょう。

　一方で非正規雇用者の賃金を上げて格差をなくせば、企業の人件費

10. 働き方改革。これから何がどう変わるの？　81

は増え、業績に影響を与える可能性があります。悪くすれば企業の競争力低下につながります。国内だけでなくグローバルに競争しないといけない時代ですから、同一労働同一賃金を実現するには、経営者の大きな決断が必要です。人件費の上昇を生産性の向上やIT化などの合理化によって抑え、総コストが上がらない状況を作る必要があります。

高齢者の働き方改革

　65歳以上でも働きたいと考える高齢者は、6割に達するという報道がありました。年金だけでは満足な生活が送れない現実が、働きたいと思う最大の理由です。高齢者には高齢者に適した短時間労働の職場を提供することが重要です。

　実際には高齢者の仕事は限られます。ハローワークでは年齢で制限してはいけないことになっていますが、雇用する側から見れば元気な若い人を採用したいのは当然です。若い人を優先して採用していることが多いでしょう。しかし、若者になくて高齢者にあるもの。それは経験や識見です。健康面で問題がなければ、職業人としての経験は豊富で、技術も身についています。職場によっては若者以上に力を発揮できるでしょう。働く意欲のある高齢者と企業のニーズをうまくマッチングできれば、今のシニアは元気ですから、日本経済にとって大きな戦力となることは間違いないでしょう。

働き方改革のメリット、デメリット

　働き方改革によって、労働時間が短縮され、従業員にゆとりができると、生産性が向上する可能性があります。長時間労働の環境では、従業員は時間に追われ、いいアイデアが生まれません。心身ともに疲れが蓄積し、生産性は低下します。

残業時間が短縮されると人件費の削減につながります。働き方改革に熱心な企業は社会的にも評価され、優秀な社員を雇用できる機会が増えるでしょう。最近の若者は給与面よりも自分のライフスタイルを大事にする傾向があるので、従業員を大切に考える働きやすい企業は就職先として人気が高くなるかもしれません。

　短時間勤務の従業員を雇用すれば、満員電車での通勤から解放されたり、在宅勤務も可能になります。在宅勤務を効率よく行うには、情報の共有化や従業員のコミュニケーションをスムーズにする必要があるでしょう。

　一方、心配な面もあります。企業の競争力が落ちるのではないかという懸念です。特に営業部門や研究開発部門では、ある程度の時間をかけないと成果が上がらない面があります。研究部門では労働時間が制約されると実験などに制約が出て、研究開発が遅れたり、営業部門では顧客訪問の頻度が減り、顧客のニーズが十分把握できなかったり、顧客とのコミュニケーションの機会が減って顧客満足度が低下する懸念もあります。

　企業の生産性は競争によって生まれます。ライバルに勝とうという意欲が企業を成長させる原動力です。だからこそ長い労働に耐え、競争に勝ちたいと思うのです。画一的な労働時間の短縮は、競争に勝つための機会を奪うことになりかねません。働き方改革は様々なケースに応じて、臨機応変に対応することも大事になりますね。

10. 働き方改革。これから何がどう変わるの？　83

11.
AIによって奪われる

AI が普及し始めた

　人口知能（AI）がどんどん普及し、私たちの生活に入り込んできました。暮らしが便利になるのはいいのですが、心配なこともあります。AI がどんどん増えてくると、今、私たちがやっている仕事が AI に取って代わられてしまうのではないか、と。米国オックスフォード大学のマイケル・オズボーン准教授という人がおもしろい研究成果を発表しています。それは AI がどんな仕事を奪うのか、その上位 15 職種について予想しているのです。オズボーンさんは今後、20 年くらいで今の仕事の 47％が AI に取って代わられると指摘しています。その 15 の仕事は以下の通りです。

　小売店の販売
　公認会計士
　一般の事務職
　セールスマン
　秘書
　飲食店の接客
　レジ打ちや切符の販売

仕事は何か？

箱詰めや積み降ろしなどの作業

帳簿など金融取引の記録

大型車の運転

コールセンター

タクシーなどの運転手

官庁などの公務員

調理

ビルなどの管理

　こうして並べてみると、確かにと思うものもあれば、意外に思うものもあるかもしれません。小売店の販売という仕事は、ネットショッピングがこれから一段と増える可能性が高いので、雇用機会が減るという意味合いが強いのかもしれません。公認会計士は国家資格で最難関の試験の１つです。せっかく資格を取得し、開業したのに、AI に取って代わられるのではたまりませんよね。

　コールセンターではすでに AI を導入しているケースも多く、試算では６人分の人員削減効果があったという報告もあります。ちょっと衝撃なのが官庁などの公務員ですね。公務員といえば手堅い仕事の第１位で、安定した人生を求めるなら公務員というイメージが強いですが、

これが AI に代行されてしまうとは。確かにきめられたルーティーン
ワークを正確にこなすなら、AI は優れているし、不祥事も起きないか
もしれません。

日本の普及はこれから 🤖

　総務省が公開している「情報通信白書」によると、日本企業での AI
の導入は、「すでに導入している」「導入予定、検討中」を合わせても
10％です。米国ではこれが 30％ですから、日本はまだこれからとも
言えそうです。「導入予定なし」の企業は 63％と高く、日本は AI の活
用で米国に大きく遅れています。
　そもそも AI はどのような役割を期待されているのでしょうか。日本
では、これまでの仕事の生産性を高める、というよりも、不足する労
働力を補うため、というのが、AI に期待するところのようです。また
は労働の省力化という面でも期待されています。この省力化という面
は、働き手がこれから少なくなる日本にとって重要です。AI を活用し
た仕事の効率化は、かなり進みそうです。
　人間がやるより低いコストで AI ができる仕事は、自動化されますが、
コストが合わなかったり、人間しかできない仕事は残ることになるで
しょう。先の 15 の職種で言えば、タクシー乗務員、宅配便、電車の
運転士などは AI に任せた方が効率がいいかもしれません。特に自動運
転車の研究は盛んに行われており、2020 年の東京五輪・パラリンピッ
クまでに、都内のタクシーの一部に自動運転車が活用される可能性も
あります。

人間しかできない仕事 🤖

　一方、AI は特定の分野なら強いシステムですが、人間の仕事をすべ

て置き換えることはできません。仕事の仕組みを整理・効率化した結果、自動化する余地が出てきた場合に使うものです。逆に言えば、これまでに存在しなかった新しい価値を生み出す仕事は、AIにはできません。

　そもそも機械ができる仕事を人間がやる必要はないですし、人間がやりたくない仕事を機械にやってもらえたら、私たちの生活は改善します。AIの活用は避けて通れない道ですが、時代の変化で仕事が変わっていくのは、今に始まったことではありません。例えば、産業革命で蒸気機関が普及し、荷馬車は消えました。パソコンが普及し、タイプライターが姿を消し、切符を切る駅員さんもいなくなりました。これまでも時代の変化で失われる仕事があったように、これからもAIの普及で失われる仕事はあるでしょう。それは仕方のないことです。一方で新しく生まれる仕事もあるのです。

　重要なのはAIができない仕事は何かを知ったうえで、人間しかできない仕事を想定して、そのための技術を磨いていくことでしょう。例えば、私の仕事である新聞記者の業務にもAIが入ってきています。決算発表など定型の発表資料を読み込んで、決まった形の記事にする仕事は、すでにAIがやっています。一方で、人間に直接会ってインタビューし、その人の感情や機微などを伝える記事は、AIには書けません。

　銀行の単純な仕事はAIがどんどん代行しています。印鑑の確認や残高照合など数字の確認はAIの方が早くて正確です。でも、銀行を訪れる人のニーズは様々です。中には資産運用や相続などで悩みを抱え、話を聞いてもらいたいと考える人も少なくありません。こういう仕事はAIには無理です。コンサルタントと呼ばれる領域の仕事は、簡単にはAIには奪われません。公認会計士の仕事でも、単純な帳簿管理などは代行できても、事業継承など個別事情によって内容が変わってくる相談などは、人間の公認会計士でないと難しいでしょう。そう考えると、より高い付加価値をつけることができる仕事は、簡単にはなくならないと言えそうです。

12.
これから有望な業種は
その1 自動車関連

大変革時代を迎えた自動車

　これから10年で大きく変わる業界はどこか、と問われたら、真っ先に上げたいのが自動車業界でしょう。今、自動車業界には電気自動車と自動運転という2つの大きな変革の波が押し寄せています。

　まず電気自動車の方からみていきましょう。

　環境保護を訴える声は世界中でますます盛り上がっています。こうした流れを受けて、自動車業界にも環境保護を促進する動きが始まっています。それが排気ガスをいっさい出さない電気自動車です。

　電気自動車が注目されるきっかけは、英国とフランスが2040年にガソリン車、ディーゼル車の販売禁止を打ち出したことです。欧州では英仏以外にも、オランダとノルウェーが2025年までに、スイスとベルギーが2030年までに、スウェーデンが2050年までに、ガソリン車、ディーゼル車の販売をゼロにする方針を掲げています。欧州が2020年に採用する自動車の排ガス基準を当てはめると、トヨタ自動車などが手掛けているハイブリッドカーもひっかかってしまいます。

　中国も電気自動車を重視した政策に舵を切りました。第13次五カ年計画に基づき、2020年までに500万台の電気自動車を普及させる計画をぶち上げました。購入者、製造会社にそれぞれ補助金を出し、利

自動車関連

何か？

用環境の整備を進めています。中国政府は 2019 年には、国内で販売する自動車の 10％以上を電気自動車など新エネルギー車にすることを、自動車メーカーに義務付ける法律も発表しました。こうした流れを受けて、トヨタ自動車は 2020 年に中国で電気自動車を発売することを決めました。トヨタが量産型の電気自動車を投入するのは世界で初めてです。ホンダも中国市場に新型の電気自動車を投入するほか、日産自動車も中国の東風自動車と新会社を設立し、現地生産に乗り出します。

大気汚染が深刻な中国では、電気自動車への期待が大きいのです。自家用車を保有していない世帯が半数以上あり、今後、中間所得層による電気自動車の購入が見込めます。初めて自動車を購入する層は、従来のガソリン車の機能と比較することがないため、蓄電の容量が小さいために、航続距離が短く、最高時速が遅くても、ある程度の低価格ならば満足します。、電気自動車のマーケットとして中国は大きな魅力があるのです。

ドイツは最有力メーカーのフォルクスワーゲンがディーゼル車を得意としているため、英仏のような大胆な方針を打ち出しにくいのですが、中国の将来性に目を付け、中国メーカーと電気自動車の開発や生産に特化した合弁会社を設立することで合意しました。トヨタもハイブリッド車で欧州市場や中国市場を攻める方針でしたが、電気自動車

も合わせた両面作戦に切り替えました。

電池に強み 🚗

　電気自動車の変革の波で日本の自動車メーカーが注目されるのは、電気自動車に欠かせない基幹部品の電池で、日本の技術が高い評価を得ているためです。こうした動きを象徴するような動きが、トヨタが電気自動車用の電池事業でパナソニックと提携したことです。日本を代表する自動車メーカーと電機メーカーの提携は、世界に衝撃を与えました。

　トヨタとパナソニックは、この業務提携の目的が「新型の自動車用電池の開発である」と明言し、材料を液体から固体に変えることで安全性を高めるなど、次世代の電池開発を目指す方針を示しました。トヨタの豊田章男社長は「大変革時代を生き抜くには、日本で競争力のある電池を開発し、安定供給する体制の確立が必要」と語っています。

　トヨタはパナソニックとの提携をきっかけに、電気自動車だけでなく、これまで注力してきたハイブリッド車、プラグインハイブリッド車、燃料電池車といった電動車の販売を一段と強化し、2030年には電動車の販売台数を現状の4倍近い550万台に引き上げます。これはトヨタが世界で販売している自動車の半分にあたります。車載電池の開発や生産に今後、1兆5000億円を投じる計画です。

　日産自動車もグループ全体で、2022年までに世界販売の3割を電動車にする方針です。デンソーは2020年までに、電動車向け部品の研究開発に5000億円を投じ、住友化学もリチウムイオン電池の部材開発に向けて、研究開発費を増やしています。電気自動車の変革の波が日本の自動車産業の背中を押しているのです。

自動運転の普及が日本を変える

　運転席に人がいない無人運転車を公道で走らせる実験が日本でも始まりました。自動運転時代の到来です。

　自動運転は4つの段階に分かれています。「走る」「止まる」「曲がる」の3つの動作のうち、1つを機械が担うレベル1から、複数の操作を機械が担うレベル2、3つの操作すべてを機械が担い、システムが要請した場合だけ運転者が対応するレベル3と、段階を踏んで、自動車会社は自動運転の実現を進めています。無人運転はレベル4と言われる段階です。

　ホンダは2020年ごろをめどに、高速道路での自動運転実用化に向け、開発を進めていますし、日産も2020年までに一般道を走れる自動運転車を発売する計画です。トヨタも同様の研究を進めていますが、これらはいずれも、レベル3の自動運転車です。米フォードはレベル4の完全自動運転車の量産を2021年までに始めると発表し、米ゼネラル・モーターズ（GM）も2020年までに実用化する方針を公表しています。独のBMWや、スウェーデンのボルボも2021年までに完全自動運転車の商用化を目指すと表明しています。

　完全自動運転車では、ドライバーは座っているだけでいいのです。ハンドルもブレーキも必要ありません。移動中の車内で仕事をしたり、映画を観たりできるのです。完全自動運転車の開発で先行しているのは、米国のIT企業です。グーグルやアップル、電気自動車のテスラなどが早い時期から取り組んでいます。完全自動運転車に不可欠な人工知能（AI）などはIT企業が得意とする分野です。トヨタは米シリコンバレーに自動運転の研究開発機関、トヨタ・リサーチ・インスティテュートを設立し、グーグルのロボット開発部門の技術者を招聘してレベル4を目指して始動しています。ホンダも研究開発子会社の本田技術研究所がグーグル子会社のウェイモと共同で、完全自動運転車の研究を

始めました。

　完全自動運転車が実現すると、日本の抱える2つの課題の解決策となる可能性があります。それは人手不足と過疎地の高齢化問題です。宅配便や輸送トラック、路線バスなどのドライバー不足は深刻な問題になりつつありますが、完全自動運転が実用化すれば、例えば深夜の新東名高速道路の1車線を自動運転車専用レーンにし、輸送トラックが東京大阪間を行き来したり、深夜バスが運行したりできます。ITで完璧に制御すれば渋滞も事故もなくなります。

　政府は安倍総理が座長の未来投資会議を通じて、すでに1つの車線を複数台の自動運転車が隊列を組んで走るシステムを、2020年度に新東名高速道路で実用化する目標を掲げています。すでに実証実験に着手し、東京五輪に合わせ、新東名の一部分で実用化する計画です。走行距離を徐々に延ばし、いずれ東京と大阪を結ぶ高速道路の全線で、隊列型のトラック自動運転の事業化を目指すのです。

　先頭車両にだけ運転手が乗り、複数の後続車両は無人で先頭車両のアクセルやブレーキの作動状況を通信で取得し、車両を制御します。一定の車間距離を保ち、インターチェンジやサービスエリアを起点に専用レーンを設置するのです。貨物トラックなど物流分野での活用が期待され、トラック運転手の慢性的な不足の解消につながりそうです。いすゞ自動車、日野自動車が実用化に必要な基礎技術である「高度道路交通システム」の共同開発に乗り出しています。

　人手不足と並んで、もう1つ日本の抱える課題は、過疎地のシニアが直面している買い物や通院の足がないことです。地方は採算の取れないバス路線や鉄道が廃止になることが多く、高齢になり、運転免許証を返上すると、とたんに買い物難民や病院難民になってしまいます。完全自動運転車なら高齢者でも安心だし、自治体が無人循環バスなどを走らせれば、こうした過疎地の課題も解決します。

　一方で、運転免許制度や自動車保険などは、完全自動運転車時代に

合わせた変革が必要になります。

　いずれにしても、レベル4の自動運転は、日本の生活を大きく変える可能性を秘めているのです。

「つながるクルマ」に商機

　電気自動車、自動運転と並んで、自動車業界に起きている変革が、コネクテッドカー、と呼ばれる「つながるクルマ」です。つながるクルマは通信を介してネットに接続できる機能を持っています。スマートフォンのように車そのものが決済機能を持ったり、車同士が情報をやりとりしたり、新しいことができるようになるのです。通信回線を高速化することで、より大容量のデータをやりとりできるようになるため、車に乗ったままガソリンスタンドやサービスエリアで決済をしたり、駐車場の予約ができるようになります。

　ホンダは中国の電子商取引大手アリババ集団と共同で、つながるクルマの開発に入りました。この機能を活用すれば、米国のウーバーなどカーシェア業界との共同ビジネスも展望できます。中国は電子商取引や電子決済が進んでおり、アリババ集団はその最大手企業です。ホンダはアリババと組むことで、決済機能などが搭載された、つながるクルマの日本での実用化を目指しています。

　つながるクルマが実現すると、ドライバーや同乗者が車内で映画を見たり、窓や車体などを広告媒体として活用したりするなど、新しいビジネスが生まれます。こうした機能を担うガラス部品の製造で、日本企業に活躍の余地があります。積水化学工業はガラスに様々な情報を表示するための、くさび型中間膜と呼ばれる部材の開発に注力しています。積水化学は自動車向け中間膜で、世界シェア3割を握るトップ企業です。このほど200億円を投じ、オランダ工場の生産ライン拡充を決めました。

12. これから有望な業種は何か？　その1　自動車関連　93

クラレも同様に、韓国での中間膜増産に動いています。ガラスに文字や映像情報をデジタル表示する技術を採用する自動車は現在、高級車を中心に年間500万台弱あります。2020年には1000万台程度に増える見通しで、需要が拡大しています。

　積水化学などは、ガラス全面に情報を映し出すことができる自発光中間膜も開発中です。膜に発光材料が入っており、車内のプロジェクターから照射された情報が全面にデジタル表示されます。

　ガラスに文字や映像情報をデジタル表示する技術は、遮音・遮熱効果もあります。音漏れを防ぐ極細繊維でできた吸音材の分野には、三菱ケミカルと東レが参入しています。完全自動運転車では、静かな車内空間で映画や音楽を楽しむ需要が生まれます。吸音材の採用が拡大するとみられており、自動車メーカーに売り込みを始めたのです。

　旭化成は電子部品子会社を通じて、電波を飛ばして障害物を検知するレーダー用の大規模集積回路（LSI）の量産を始めました。完全自動運転が実現すると、1台当たり現在の8倍程度のLSIが必要になるため、将来の需要拡大が見込めます。

　これまで自動車産業とは縁のなかった業種が、次世代の車では重要な役割を果たすようになるのです。自動車産業に訪れている変革の波は、日本の企業に新たなビジネスチャンスをもたらしていると言えそうです。

トヨタの新型車の衝撃

　2018年1月に米ラスベガスで開かれた世界最大の家電見本市「CES」の会場に、トヨタの豊田章男社長が登場し、話題になりました。家電と自動車という組み合わせは一見、違和感がありますが、つながるクルマの時代に、自動車は、もはや走るだけの商品ではなくなりました。トヨタがCESで披露したのは、全長4・8メートルの電気自動車

「e-Palette（イー・パレット）コンセプト」です。エリア限定ながら完全自動運転レベル4の技術があり、2020年の東京五輪・パラリンピックで大会関係者の移動車として登場します。

イー・パレットが24時間稼働する移動型のコンビニなったり、高齢者を病院まで送り迎えするサービスカーになったり、通勤のシェアリングカーになったりするのです。提携する米ウーバーテクノロジーズ、マツダのほか、新たにアマゾン、ピザハット、滴滴を含めた計5社を第1弾のパートナーとする予定です。3種類の大きさの箱形車両を用意し、サービスごとにシェアリングカー、移動ホテル、小売店などの設備を搭載します。

イー・パレットは車両供給だけでなく、管理データや金融、自動運転のソフトウエアの更新、サイバーセキュリティなどの基盤も持ちます。豊田章男社長は「これまでの車の概念を超え、消費者に新しいモビリティサービスの価値を提供する」と述べています。自動車業界は大きく変わります。今がその出発点でしょう。成長の可能性を大いに秘めた業種といっていいのではないでしょうか。

13.
これから有望な業種は
その2 ロボット、IoTなど

間違いなく伸びる業界

　今後間違いなく伸びる業界がIT業界でしょう。中でもロボット、あらゆるものがネットでつながるIoT（物のインターネット、Internet of Things）に関連する業種は、ニーズが大きいと思います。

　1つ事例を挙げましょう。ITの波を受けて、設備投資の概念が大きく変わり始めました。企業の設備投資と言えば、まず連想するのは製造業の現場で、工場の新設や製造ラインの増強など、生産数量を増やすための設備投資でしょう。ところが日本は20年以上、デフレに苦しみ、生産を増やし商品の供給を増やしても、モノが売れない時代を長く経験しました。企業は生産能力増強のための設備投資を控えるようになったのです。為替の円高もあって、外需型の企業は、工場新設でも海外が中心でした。それが国内製造業の雇用減につながり、ますます不況に拍車を掛ける悪循環に陥ったのです。

　アベノミクス以降、円高が止まり、国内の製造拠点から輸出しても、なんとか採算が取れるようになりました。さらに団塊の世代がリタイアし、製造業の現場では、逆に人手不足になるケースも増えてきました。国内拠点の生産効率を一段と高め、現場の人手不足を解消するために今、脚光を浴びているのが省力化、効率化のための設備投資なのです。

ロボット、IoT 何か？

　これまで人がやってきたことをロボットに代替させるための投資です。IoTや人工知能（AI）なども合わせた産業構造の大きな変革を総称して、第4次産業革命と言います。

人手不足を解消へ

　前の項でも述べましたが、日本は1995年に生産年齢人口（15歳以上65歳未満、労働の中核となる年齢）が減少に転じ、1996年から2016年までの20年間で650万人も減少しました。さらに2040年までに、もう100万人が減少する見通しです。女性の就労増加、シニア世代の活用、外国人労働者の拡大などで、多少は補えますが、これからの日本は人手不足がますます進むでしょう。省力化のための投資は不可欠で、製造現場だけでなく、サービス業でも省力化、効率化のための投資は進むと思います。

　例えば建設業界です。測量はレーザースキャンとドローンの活用で、これまでより迅速に、正確に、人手を介さずにできるようになっています。ブルドーザーはAIを搭載し、無人で効率的に24時間動き、データ収集、分析までやってくれます。日本は1964年の東京オリンピック前後に整備した社会インフラが多く、そろそろ耐久期限を迎えるも

のも多いです。災害対策も含めた補修、改修工事はこれから増えるでしょう。IT 化した工事技術が人手不足を補い、より効率的な作業を促しているのです。

第4次産業革命が成長後押し

　ロボット、IoT など第4次産業革命の中核企業と言えば、安川電機、ファナックなどの名が上がります。これらの IT 関連企業へのニーズは、海外からもあります。中国は産業高度化を掲げ、IT の波をあらゆる業種に及ぼそうとしています。半導体の需要は旺盛で、半導体製造装置の東京エレクトロン、アドバンテストなども注目です。
　今後は物流、流通・小売り、教育、医療、清掃・メンテナンス、警備、介護、健康管理など幅広い業種で、AI の活用や IoT の導入が加速するでしょう。日本のロボット産業の市場規模は足元で1兆6000億円程度ですが、経済産業省の試算では、2020 年には2兆6000億円、2025 年には5兆3000億円、2035 年には9兆7000億円まで拡大する見込みです。
　企業トップへのアンケートでみても、第4次産業革命の先行きの期待がうかがえます。総務省の集計によれば、IoT などを既に導入した日本企業は 51％。米国の 65％、欧州の 81％に比べると低いですが、まだ導入していない日本企業のうち、48％が検討中としており、伸びる余地は大きいです。
　日本は労働時間が長い割に、1人あたりの国内総生産（GDP）が高くありません。日本政府は働き方改革を進めています。今後、効率化、省力化が進み、生産性が向上すれば、経済成長にもつながるでしょう。大和総研の試算では、IoT や AI を活用した第4次産業革命が進めば、現在1％程度の潜在成長力が2・4％まで伸びるといいます。実質GDP が 2030 年には 720 兆円まで伸びるとの試算もあり、期待は大

きいのです。AI や IoT をいかに自社のビジネスに取り込み、効率化を実現できるか。それができる企業は業種にかかわらず、今後の成長が期待できるでしょう。

14.
これから有望な業種は
その3 観光・流通・小売りなど

訪日観光客は増加中

　2013年以降、日本の風景で最も大きな変化は、街中を歩く外国人の数が急増したことでしょう。東京・銀座では日本人より中国人の方が多いですし、大阪・心斎橋あたりに行けば、中国人しかいないのではと思うほどです。

　アベノミクスの大きな成果の1つが、訪日外国人観光客の増加でしょう。2012年末、安倍内閣が再スタートした時、年間訪日観光客を2020年までに2000万人にするという目標を掲げました。2011年の年間訪日客は622万人でしたから、2000万人という数字は、当時としては高い目標でした。

　ところが、2013年に1000万人の大台を超えると、その後も勢いは止まらず、2015年に1974万人と、早くもほぼ目標達成となりました。2017年はついに2860万人を超え、2018年には3119万人と勢いは衰えません。政府は2020年の目標を4000万人に上方修正しましたが、今の勢いが続けば、達成は十分可能でしょう。

　外国人観光客が増えた最大の理由は、政府によるビザの規制緩和です。2013年以降、IC旅券保有者ならタイ、マレーシア、インドネシアはビザ不要になり、中国、インド、ベトナムなどは、一度ビザを

観光・流通

何か？

取得すれば複数回使える数次ビザが導入され、その期間がどんどん延長されています。中国を中心にアジアからの訪日客が増えているのは、一連のビザに関する規制緩和が大きいのです。

クールジャパン機構などによる積極的な海外向け PR によって、日本食や日本の伝統工芸、アニメなどへの関心が高まったことも大きいです。また格安航空の就航増加、アベノミクスによって円安が進んだことも理由に挙げられるでしょう。アジア地域では中間所得層が拡大しており、初めて海外旅行をする人も増えています。こうした内外の情勢変化が日本の旅行・観光業にとって、大きな追い風になっているのです。

外国人観光客の訪問先といえば、まず京都が代表格でしょう。実際、初めての訪日客は成田空港か羽田空港に降りて、銀座で高額品の買い物、富士山を眺めながら西へ向かい、京都で古寺を巡礼、大阪のユニバーサル・スタジオ・ジャパン（USJ）で遊んで、関西空港から帰る人が多いです。これをゴールデン・ルートと呼び、観光コースとして人気です。

だがこれだけでは、訪日客の伸びは限定されます。訪日客が急増しているのは、リピーターと呼ばれる２度目、３度目の観光客が増えているためです。リピーターは「もうゴールデン・ルートはいい。有

名な観光地より、普通の日本人が行くような地方の観光地に行きたい、そこで日本人が食べているものを食べたり、日本人と同じような服を買ったり、日本人が行く美容院でカットをしてほしい」。こんな風に考えるのです。

　買い物の仕方も変わりました。東京の有名百貨店でブランド品や高級腕時計を買ったり、炊飯器などの家電を大量に買ったりする「爆買い」と呼ばれる姿は、少なくなりました。ゴールデン・ルートを外れ、地方に向かった外国人観光客たちは、地方で日用品を爆買いしているのです。地元の日本人に混じって、イオンモールなどのショッピングセンターやドラッグストアなどで、紙おむつ、粉ミルク、マスク、のど飴、目薬などを大量に買っていくのです。

　食事は居酒屋、ファミリーレストランなどを好み、首都圏からきた日本人観光客と同じように、地方の名所を訪ね歩きます。最近はインターネットが普及し、様々な SNS を通じて、口コミによる日本観光ガイドが広がっています。安倍内閣もこうした流れを受けて、2014 年 10 月に化粧品と食料品を免税対象に加え、2016 年 5 月には免税手続きの簡素化、下限金額の引き上げを決めました。地方で免税店が増え始め、2012 年 4 月に 4100 程度だった免税店は、2017 年に 4 万を超えました。

　訪日客が日本国内で消費する金額は、2018 年時点で約 5 兆円です。2012 年は 1 兆円程度でしたから、5 倍も伸びています。最近は、地方にお金を落とすようになってきました。日銀が定期的に発表する地域経済報告（さくらリポート）によると、2018 年に全国 9 地域のうち、6 地域で景気が「拡大」と判断しています。これは調査が始まって以来、最多です。アベノミクスの恩恵がなかなか地方に波及しない、と言われてきましたが、訪日客が地方に足を運ぶようになり、地方の流通・小売業、飲食業に従事する非正規雇用労働者の時給が、人手不足も手伝って、2016 年ごろから上がり始めたのです。

訪日観光客で最も経済が活性化した地域の１つが、北海道です。客足が落ちる冬でも、スキーやスノーボードなど冬のスポーツを目当てにやってくる外国人は多いです。北海道の高橋はるみ知事は、2015年４月の４選目になる選挙の公約で、北海道を訪れる外国人観光客の倍増を掲げました。公約実現に向けて高橋知事は、ある企業に協力を要請したのです。それがちょっと意外な企業だったので話題になりました。それが吉本興業だったのです。

　吉本興業は6000人のお笑い芸人を抱え、笑いの総合商社を標榜する会社です。外国人観光客誘致にどんな知恵を出すのかと注目していたら、「なるほど」と思わせる、いかにも吉本らしいアイデアが出てきました。吉本はタカアンドトシという北海道出身のお笑い芸人がいます。彼らが出演し、北海道の名所を訪ね、紹介する番組を制作しました。さすが吉本と思ったのは、この番組を日本のテレビ局では、いっさい流さなかったのです。吉本が放映先に選んだのがアマゾン・プライムビデオというインターネット・テレビでした。それを海外向けに、それぞれの国の言語の字幕を付けて発信したのです。それを見たアジアなど海外の人たちが北海道にやってくるようになりました。

　北海道の外国人観光客ブームは私も実感したことがあります。釧路に出張した時のことです。仕事が終わり、時間があったので、釧路の観光資源であるノロッコ号と呼ばれる釧路湿原の中を走る観光列車に乗ってみました。平日の午後３時過ぎ、空いているだろうなと思っていたら、満席でした。その大半は中国からと思われる訪日客で、周囲に日本人は私１人だけでした。札幌だけでなく、こんなところまで外国人観光客は来るのだと驚いた覚えがあります。

　地方に向かう訪日客が増え、課題となっているのがホテル不足です。東京、大阪などの大都市はビジネス客も多いため、すでにホテル稼働率が80％超と、ほぼ逼迫状態です。地方はもともとホテルが少ないので、政府は2018年から民泊新法（住宅宿泊事業法）を施行し、個

人の住宅などを観光客に提供できる民泊の規制を大幅に緩和しました。それまでは東京都大田区、大阪市の一部など限られた特区でのみ民泊は可能でしたが、民泊新法によって、2018年からは届出さえすれば、年間180日まで誰でもどこでも民泊が可能になりました。まだ使い勝手が悪いとの指摘もあり、さらなる規制緩和が必要ですが、民泊が広がれば、そのメリットは大きいです。

　訪日客は今後も増える見込みですが、東京五輪・パラリンピックのある2020年で、いったんピークを迎えるとの見方もあります。ピークに合わせてホテル建設を急ぐと、その後に供給過剰になるリスクがあります。民泊の規制を緩和し、ホテル不足に対応する戦略は時宜にかなっていると言えるでしょう。

　訪日客の増加で恩恵を受ける業種としては、JR東日本、西日本、東海、九州など鉄道、日本航空、全日空など空運が挙がります。藤田観光、ロイヤルホテルなどホテル関連、地方でも強いドラッグストアとしてマツキヨHD、ツルハHDなども注目です。民泊関連では楽天なども今後の注目企業になるでしょう。

家電販売に注目

　働く人たちの賃金が上がり始め、徐々にではありますが、消費意欲が高まってきました。もう買いたい物はない、モノが売れないなどと言われますが、私は1つ注目している分野があります。それが意外かもしれませんが、家電だと思います。

　家電の中でも、テレビ、エアコン、冷蔵庫の買い替えが増えるとみています。かつて「家電エコポイント」と呼ばれる制度があったことを覚えていますか。地球温暖化対策、経済の活性化、地上デジタル対応テレビの普及を図るために環境省が始めた制度でした。グリーン家電と呼ばれる商品を買うと、様々な商品やサービスと交換可能な家電

エコポイントを取得できました。対象になったグリーン家電は、省エネ型の地上波デジタル放送対応テレビ、エアコン、冷蔵庫でした。

　家電エコポイントの期間は 2009 年 5 月から 2011 年 3 月までで、この間、大量の家電が売れました。テレビを例に取ると通常、日本で年間に販売されるテレビの台数は 800 万～ 900 万台程度ですが、それが 2009 年に 1360 万台、1 年間フルに効いた 2010 年は 2520 万台、2011 年も 1980 万台売れました。日本の家電の買い替えサイクルは、だいたい 8 年程度と言われています。家電エコポイントで購入した大量の家電が、買い替えのサイクルに入ってくるのです。

　追い風となっているのが、IoT です。IoT 家電がブームになりつつあります。あらゆるモノがネットでつながる IoT は、家電でもかなり進んでいます。グーグルホームなど音声アシスタント機能を持つ家庭用の端末が普及し、この端末に話しかけるだけで、テレビがついたり、エアコンの温度調節ができたりするのです。テレビを IoT 対応に買い替えたら、やはりエアコンも IoT 対応にしないと、何かと不便です。こうして IoT 家電の買い替えドミノが進んでいるのです。

　特にテレビは有望です。2018 年 12 月に「4K」とか「8K」と呼ばれる次世代型のテレビが誕生しました。日本のテレビ放送は 2011 年 7 月にアナログ放送から地上波デジタル放送に切り替わり、次いで次世代テレビの放送が始まりました。4K、8K とよく耳にしますが、4K とは 4096、8K とは 8192 を示します。国際標準で小文字の k は 1000 倍を意味します。デジタルの世界では 2 の 10 乗、つまり 1024 を大文字の K で表すのです。現在のテレビ画面は横 1920 ピクセル、縦 1080 ピクセルの画素で構成しています。4K テレビは縦横ともに 2 倍の 3840 ピクセル、2160 ピクセル、8K テレビは 4 倍の 7680 ピクセル、4120 ピクセルで構成されます。横方向のピクセル数がほぼ 4000、8000 なので、4K テレビ、8K テレビと呼ばれます。画素が増え密度が高くなるので、デジタル放送と比べても各段に美しいです。

14. これから有望な業種は何か？　その 3　観光・流通・小売りなど　　105

15.
これから有望な業種は
その4 規制緩和の進む業種

規制改革で動き出すビジネス

　日本経済の成長に足かせとなっていたのが、長くこの国に残っている様々な規制です。もともとは日本の産業を育成し、海外からの過度な競争を和らげるなどの狙いがあったのですが、これだけ自由化、国際化の流れが早まると、これまでの様々な規制が時代遅れの産物となり、むしろ日本企業の競争力を阻害する要因になっています。

　この国で最も大きな規制、岩盤規制と言われるのが、農業と医療に関する規制です。アベノミクス以後、徐々にですが、2大岩盤規制に風穴が開き始めています。いずれも国家戦略特区をきっかけに、これまでできなかったビジネスが可能になってきたのです。

　農業の規制改革は、自民党で農業部会長を2年ほど担当した小泉進次郎氏が進めました。兵庫県養父市などに設けた農業特区を活用し、農地取得などで残る規制の見直しを手掛け、それが広がり始めています。オリックス、パソナ、イトーヨーカドーなどが法人として農業に参入し、今や農業に進出した企業数は3000社を超えています。

　農業の法人化が進む背景には、就農人口の減少と高齢化があります。農業就業人口は1985年には540万人いましたが、2018年には180万人まで落ち込んでいます。年齢別の内訳をみると、65歳以上が

64％を占め、39歳以下は7％弱です。15 ～ 29歳の農業就業人口は6万3千人しかいません。

　若者が就農をためらう一因に、労働環境の厳しさがあります。個人農家の多くは土日なしで働き、専業農家は収入も安定しません。農業法人なら交代で休日を取りながら働け、社会保険や労働保険にも入れます。家族経営に比べて信用力が高く、金融機関から借り入れもしやすいです。法人化すれば規模を拡大でき、農機具や肥料などの購入でも好条件になります。3000社の企業が参入したことで、農業法人の全体数も3万近くに増えてきました。

　企業の参入や法人化が進み、農業の世界でも人工知能（AI）やIoTなどを活用したIT化が広がっています。新規参入企業や若い世代が経営する農業法人では、種まきや収穫などのタイミング、数量などを決める際にビッグデータを活用し、リスクを軽減しています。インターネットを使った直販を国内だけでなく海外まで広げ、ビジネスとしての農業を確立しています。野菜を屋内で水耕栽培する野菜工場も富士通などが進出し、休耕地や廃工場などの跡地有効活用の手段としても注目されています。

　無人飛行機ドローンを使った肥料散布や自動運転の農機具、消費者からの注文によるオーダーメード農作物など、スマート農業と呼ばれ

る新しい形態も出始めました。政府は早い時期から、日本の農産品は重要な輸出品目になると指摘しています。その動きを象徴するのが、2017年11月に大筋合意したTPP11です。

　TPPは環太平洋経済連携協定のことで、2015年にアジア太平洋地域の12カ国で発足しました。ただ米国のトランプ大統領が選挙公約にTPPからの離脱を掲げて当選したため、2017年1月に米国が離脱を表明しました。残った11カ国が話し合いを重ね、なんとかTPP11がスタートすることになりました。日本のほか、オーストラリア、ベトナム、カナダなどが参加しています。

　TPP11が機能し始めると、オーストラリア産、カナダ産の牛肉やニュージーランド産の乳製品などが、これまでより安く購入できるようになります。家計にとっては朗報です。それだけでなく、TPP11により、日本の農作物が輸出しやすくなるのです。中国などアジアの富裕層の間で、日本の農作物、とりわけ果物の人気が高いです。おいしく、清潔、安全という評価で、自国産の果物より高くても購入します。中国では日本産のりんご、みかん、なし、かきなどは一般的で、高級なメロン、マンゴーなどの輸出も増えています。

　私も日本の果物が高く評価されている現場を見たことがあります。テレビ東京の「未来世紀ジパング」という番組で、中東に取材に行ったときのことです。ドバイの高級ショッピングモールで、白木の箱に入った日本産のメロンが、日本の数倍の値段で売られていました。聞くと、毎日売れるので定期的に空輸し、仕入れているといいます。農業に企業が参入したり、若者層が法人化を進めたりすれば、海外への販売はますます増えるでしょう。

　コメの輸出も広がってきました。2018年1月、全国農業協同組合連合会（JA全農）は中国インターネット通販最大手のアリババ集団と連携し、日本産のコメを中国で販売する方針を明らかにしました。アリババの電子商取引（EC）のサイトを通じ、ブランド米のコシヒカリ

を贈答品として売るのです。中国ではコシヒカリは高級ブランドとして人気があります。価格は2キロで3000円程度と中国の一般家庭で消費されるコメより8倍以上高いですが、高所得層を中心に贈答品などとしての需要を見込んでいます。

農業が新しいビジネスとして確立できれば、農機具メーカーのクボタ、井関農機などはこれまでの零細農家を相手にしていたB to C（Business to Consumer 企業対消費者取引）ビジネスでしたが、B to B（Business to Business 企業間取引）ビジネスに変わり、効率が上がります。カネコ種苗、サカタのタネなども同様に大規模化のメリットを受けるでしょうし、農業輸出が増えれば、商社でこの分野に強い三菱商事なども注目されるでしょう。

医療でも進む規制緩和

農業と並ぶ岩盤規制だった医療でも、新しい動きが始まっています。千葉県成田市に国家戦略特区を活用して、2017年4月に新しい医学部ができました。それが国際医療福祉大学で、首都圏では38年ぶりの医学部開設となりました。成田市は新設の医学部と成田国際空港を核とした医療産業集積都市を目指しています。狙いは「医療ツーリズム」と呼ばれる新しいビジネスです。

中国、台湾、香港などアジアの富裕層の中には、日本の医療技術を高く評価し、わざわざ来日して人間ドックを受けたり、治療をしたりする人も多いです。国際医療福祉大はこうした医療ツーリズムの担い手を目指しています。成田市に2020年に600床規模の国際的な附属病院の開設が予定されています。日本の最先端の治療や検査を受け、そのついでに観光やショッピングをして帰る。こうした滞在型の訪日が今後、増える可能性が高いでしょう。

これに先立ち、2016年には東日本大震災の復興という目的もあり、

仙台市に東北医科薬科大学が開設されました。医学部設置は37年ぶりでした。なぜ日本にこれほど長く医学部ができなかったのでしょうか。

　それは日本医師会などの要請により、政府が新設を認めてこなかったためです。医師会などは国政選挙の際、自民党の有力な支持母体となります。既得権益を維持するために自民党を支持し、医学部新設を認めない流れが続いていたのです。安倍内閣は国家戦略特区という受け皿を活用し、こうした岩盤規制に風穴を開けたのです。

　同様の構図は獣医学部でもありました。2018年4月に愛媛県今治市に加計学園傘下の岡山理科大学獣医学部が開設しました。獣医学部も52年間、新設がなかったのです。国家戦略特区を活用することで、ようやく実現したわけですが、加計学園をめぐる問題は、政治圧力、忖度、言った言わないなどの議論ばかりが先行し、なぜ52年間も獣医学部ができなかったのか、それにどのように風穴が開いたのか、国家戦略特区の果たす役割とは、といった本質的な議論がまったく見られなかったのは残念でした。

高い評価を受ける日本の医療技術

　日本の医療技術、検査技術が高い評価を受けている実例を1つ示しましょう。神戸市にあるシスメックスという会社をご存知でしょうか。世界190カ国で事業を展開する医療機器メーカーで、海外での売り上げ比率は8割を超えています。日本国内より海外での知名度が高い会社です。

　血球計数分野、血液凝固検査分野、尿検査分野でいずれも世界シェア1位の企業です。医療検査は景気の変動を受けないし、海外での売り上げが圧倒的に多いから、日本の人口減少の影響も小さいです。その結果、15期連続の増収、14期連続の営業増益を達成したのです。シスメックスのホームページをみると、英語はもちろん、ドイツ語、

110

フランス語、イタリア語、ポルトガル語、ポーランド語、中国語でも企業説明がされています。いかに同社が世界に目を向けているのかがわかります。

　幅広い医療ビジネスという意味では、ヘルスケア分野は日本が世界に誇る成長産業になるでしょう。三菱ケミカルHDはヘルスケアカンパニーを標榜し、化学メーカーというイメージから脱しつつあります。高齢化社会を迎えた日本では、健康寿命を延ばすことが重要なテーマです。ここに新たなビジネスチャンスをうかがう企業は多いです。

　日本を代表するヘルスケアカンパニーの1つといえば、ユニ・チャームでしょう。1961年に愛媛県で創業し、生理用品、紙おむつなどヘルスケア企業としてアジアナンバーワンの地位を占めています。ユニ・チャームが誕生した1960年代、日本では年間200万人以上の新生児が誕生していました。それが2018年は96万人と半分以下になってしまいました。少子化の流れは止まりません。ならば世界に打って出るしかないと、同社は2000年に「アジアNo.1」の企業宣言を出し、アジアを中心とする海外ビジネスに本腰を入れ始めたのです。

　新生児の数は中国で1900万人、インドは2400万人です。日本では新生児の90％以上が紙おむつを使いますが、中国の紙おむつ普及率は21％、インドは3％に過ぎません。市場拡大の余地は大きいのです。ユニ・チャームの売り上げのうち、海外比率は61％でアジアだけで48％を占めています。業績も好調で14期連続増収、9期連続増益を記録しています。

　シスメックスもユニ・チャームも、広い意味のメディカルという日本が得意とする分野で独自性を発揮し、世界に市場を広げて成功した事例です。いわば内需型企業が外需型企業に変身した好例でしょう。日本の外需型企業といえば、自動車がその代表で、例えばホンダは海外の売り上げ比率が86％に達しています。内需型だったユニ・チャームは外需型に変貌することで、少子化というピンチをチャンスに変え

ました。

　日本は少子高齢化で人口は減る一方ですが、世界に目を転じれば、人口はまだ増え続けています。生活必需品を作り、普通の人の普通の営みを助けるビジネスは、まだまだ伸びる余地があります。シスメックスやユニ・チャームなどはその例でしょう。

カジノは 2024 年に開業

　訪日観光客の増加とともに、日本での開業が待たれるのがカジノです。日本におけるカジノは「特定複合観光施設区域の整備の推進に関する法律（IR 推進法）」という、長い、わかりにくい法律で規定されています。IR というのは統合型リゾートのことで、カジノ以外にもホテル、レストラン、劇場、映画館、国際会議場などを併設します。これから運営業者の入札や選定、建設地の絞り込みなどが進みます。

　現在は横浜、大阪、那覇が第 1 陣の候補地にあがっており、2024年の開業が見込まれています。以後、苫小牧、長崎など 10 都市程度で開業される見通しです。米金融大手、シティグループの試算によると、第 1 陣の 3 カ所でカジノが開業すると、売り上げは 1 兆 5000 億円程度、10 カ所で稼働すれば 4 兆円程度の売り上げが期待できるといいます。カジノは 24 時間営業で、雇用効果も大きいです。周辺施設の売り上げ、雇用、税収なども含めると、経済波及効果は 10 兆円とも言われています。

　米国カジノ大手、MGM リゾーツが日本へ 1 兆円規模の投資を表明しているほか、サンズ、ウィンなども 5000 億円規模の投資を計画しています。日本国内の関連事業では、グローリー、コナミHD、セガサミーHD など、すでに海外のカジノでスロットマシーンや現金出納機などを扱っている企業が有望です。警備も重要なので、セコムなどもカジノ関連銘柄として位置づけられるでしょう。

　カジノの課題はいわゆるギャンブル依存症への対応です。日本には

現在、500万人のギャンブル依存症患者がおり、大半はパチンコ依存だといいます。これまで本格的な対策がなかったので、カジノ開業を機に依存症対策の基金を設立するなど、新しい対応が期待されるところです。

ポスト2020ビジネスへの期待

「2020年の東京五輪・パラリンピックまでは、なんとか日本経済は良さそうだが、そこから先が心配だ」。こんな声をよく耳にします。確かに選手村の工事や周辺工事、テレビの買い替え、訪日外国人客のピークアウトなど想定されますが、一方で、2020年以降も大きなイベントがあり、景気が落ち込むことはないという指摘もあります。

例えば2024年のカジノ開業、2025年の大阪万国博覧会、2027年のリニア中央新幹線開業などです。リニア新幹線の始発駅となる品川駅は、在来線も乗り入れる新駅が2020年に稼働する予定で、周辺のオフィスビルやホテルなどの再開発事業も進んでいます。また札幌市が2030年の冬季五輪・パラリンピックの誘致に動く可能性も高いです。

自国で五輪が開催されるのは一大イベントで、これを機に新しいビジネスが生まれることも多いです。1964年の東京五輪で日本経済は大きく発展しました。東海道新幹線、名神、首都高速道路は有名ですが、他にも選手村で採用されたセントラルキッチンの手法を生かして、ファミリーレストランという新しいビジネスが生まれました。選手村で採用された冷凍食品が好評だったため、ホテルやレストランでも使われるようになり、家庭用の冷凍食品や冷凍冷蔵庫の普及につながりました。

警備という仕事は、もともと官の仕事で、警察がその任を担っていましたが、東京五輪をきっかけに警備保障というビジネスが生まれました。当時社員2人で産声を上げたセコムは、今やグループ全体で5万人を超える大企業になりました。

2020年の東京五輪・パラリンピックでも、新しいビジネスが芽生える可能性は高いです。例えば、国土交通省が主導して実験が始まっている「熱くない道路」です。保水力がある素材で道路を作り、表面温度が今より10度下がります。都内の国道246号線、青山通りと呼ばれるあたりで実験が始まっています。五輪・パラリンピックのマラソンコースになる可能性が高いです。夏場の競技なので、選手や観客の健康への影響が懸念されていますが、熱くない道路が実用化すれば、夏のヒートアイランド現象の緩和にも、ひと役買いそうです。

都内に紺色の車体の新型タクシーが増えています。この新型タクシーは、ロンドンのブラック・キャブに対抗してブルー・キャブと呼ばれています。排気ガスを減らすハイブリッドカーのタクシーで、車椅子の人でも利用できる完全バリアフリー型です。トヨタ自動車が手掛けており、2020年以降の日本のタクシーのモデルとなる可能性があります。

課題先進国の日本だからこそ

タクシーだけでなく、今の日本はまだ、バリアフリー社会とはほど遠いです。鉄道の駅でも車椅子の人が不便な思いをしていますし、ホテル、レストラン、映画館なども、まだ途上です。2020年の東京パラリンピックには、世界中から障害を持つ選手や観客が7万人もやってきます。そういう人たちが快適に過ごせる街を作る必要があるのです。

障害者にやさしい街、障害者にやさしい商品やサービス。これらが浸透すれば、それはそのまま高齢者にやさしい街、高齢者にやさしい商品やサービスになります。日本は世界でも有数の高齢化先進国です。やがて中国、米国、欧州主要国も日本の後を追うように、超高齢化社会を迎えます。2020年までに日本が高齢者にやさしい商品やサービスを実用化できれば、それは重要な輸出のタネになるのです。

国籍や宗教、性別なども多様化し、様々な人が日本企業のビジネスの相手になる時代です。2020年の東京五輪・パラリンピックは、日本全体がまた世界への扉を大きく開くきっかけになるでしょう。明治維新、第2次大戦後に続く第3の開国と言っていいほどの大きな変化が訪れるのです。変化はビジネスチャンスを生みます。経団連の中西宏明会長は「課題先進国の日本だからこそ、将来役立つビッグデータを豊富に持つ。データは世界で共有し、日本は課題解決先進国として成長できる」と語っています。まったく同感です。

第3章

日本経済を取り巻く世界の情勢を知ろう

16.
なぜ、米国は中国と

トランプ大統領の登場で米国が変わった

　子供のころ、近所にガキ大将がいませんでしたか？　アニメ「ドラえもん」に出てくるジャイアンのような存在です。体が大きく、力が強い。いつも威張っていますが、子分たちの面倒も見るし、窮地に陥ると助けてくれます。怒らすと怖いですが、いざという時に頼りになる存在です。国際社会において、戦後ずっと、ガキ大将のような立場だったのが、米国です。

　まずケンカが強い。家がお金持ちなので、子分の面倒もよく見てくれます。隣の街の不良に子分がいじめられると、飛んでいって、ぶちのめしてくれます。

　米国は世界一の経済大国です。国内総生産（GDP）も、ずっと世界一です。株式相場の時価総額でも世界一、貿易金額でも世界一、財政規模でも世界一です。お金があるので、軍事力も強化できます。世界のどこかで紛争があれば、例えアジアやアフリカ、中東だろうと飛んでいきます。そして力で圧倒し、「俺の子分になれ」と命じるのです。

　日本はドラえもんで言えば、のび太のような存在でしょうか。ドラえもんという科学力はあるけど、なにせ腕力がありません。そんなのび太は昔、一度だけジャイアンに逆らったことがあります。

対立するの？

米国

　自分の腕力を過信して、自分より体の大きな相手とケンカをしても、勝てるのではないかと思ったのです。それが第2次世界大戦、太平洋戦争でした。結果は無残にぶちのめされて終わりました。それ以後、日本は米国の忠実な子分になりました。その後もよくいじめられていますが、いざという時は「助けてやるからな」と言われ、安心して子分をやっています。

　でも世の中には、ガキ大将、米国の言うことを聞かない国もあります。その代表が隣町のもう1人のガキ大将、ロシアです。ロシアは一時、米国と同様に羽振りがよく、子分もたくさんいたのですが、家庭内でごたごたがあり、子分たちはちりぢりになってしまいました。それが1990年代のソビエト連邦の崩壊です。でも、もともと腕力があり、ケンカは強いですから、相変わらず米国の言うことは聞きません。

　さらに最近、目立つのが、中国です。体は大きく、もしかしたら強いのかな、と昔からみんな思っていたのですが、長く居眠りをしていました。最近、むくっと起き上がると、米国と同じように、大きな顔をし始めました。家も最近、けっこうお金持ちになったようで、米国から目を付けられるようになりました。

　そんな国際情勢の中で、米国に久々にジャイアンのような、米国民からすれば頼りがいがあるようにも見える、強烈なリーダーが誕生し

119

ました。2017年に就任した米国のトランプ大統領は、世界に衝撃を与えました。会社経営者、政治経験ゼロという経歴もさることながら、女性差別など過激な言動で世間のひんしゅくを買うことが多い人物だったからです。大統領就任後もツイッターを活用して過激なコメントを発信し、世界中のメディアが振り回される日々が続いています。

　移民の流入を防ぐためにメキシコとの国境に壁を作るなど、大統領選当時は奇想天外とも思えた公約の数々を着実に実行しているトランプ大統領。中でも注目される政策が中国に対する厳しい姿勢です。ここ数年、国際政治、経済の舞台で中国が台頭し、その存在感が大きくなっているのは間違いないですが、オバマ大統領の時代まで、歴代の米国大統領はここまで中国に敵対心をむき出しにしませんでした。

　トランプ大統領はまず経済で中国を追い込みます。中国から米国へ輸入している品目に対し、段階的に関税を増やしています。2018年にはまず500億ドル分に対し、25％の関税をかけ、その後2000億ドル分についても10％の関税を課しました。この10％を25％に増やすぞと、中国に圧力をかけています。

　さらに中国企業による米国企業買収の禁止、ZTE、ファーウェイなど中国のハイテク企業への部品供給の禁止、中国の通貨である人民元の安値誘導のけん制などで、中国を追い込んでいます。中国経済は徐々に減速しており、急激な景気の落ち込みを防ぐために、中国は2018年以後、予定していなかったインフラ投資など財政出動を余儀なくされています。

　政治や安全保障面でも対中圧力は強まっており、環太平洋合同軍事演習に中国の参加を断ったり、南シナ海における中国の領土拡張を強く批判したりしています。国際政治で中国が最も嫌がることは何だと思いますか？　それは台湾を一人前の国家として認めることです。中国は「台湾は中国の一部」という主張を掲げており、香港やマカオと同じように、いずれは中国に取り込むことが基本方針です。米国は

120

2018年2月に台湾旅行法という法案を成立させ、事実上の国交を再開しました。8月には台湾の国家元首である蔡英文氏を公式に招聘しました。

米国が問題視する「中国製造2025計画」

　米国が特に問題視しているのは、このところ中国がIT（情報技術）やハイテクの分野で急速に台頭し、世界のハイテク製品の商品供給網を握りつつあることです。国力のある新興国が徐々に力をつけ、世界の中心になっていく過程は歴史上、多くみられましたが、米国が看過できないと糾弾しているのは、中国がIT立国になる手法やプロセスに不正な部分があるとみているからです。

　中国は13億人の人口を抱え、沿岸部の人々から徐々に所得の水準が向上しています。所得が上がればモノを買うようになりますから、今後中国は世界でも指折りの消費国になる可能性を秘めています。米国や日本、欧州の企業からみると中国という消費マーケットの将来はとても魅力的ですから、当然のことながら中国に進出したい、自社の製品を買って欲しいと考えます。現地に製造拠点を作り、販売網を構築したい。

　そんな欧米日の企業に対し、中国は単独での進出を認めませんでした。進出の条件として中国企業との合弁を求めたのです。狙いはズバリ、欧米日の企業が持つ技術の移転です。合弁企業の中で、先進国の持つ技術の移転を強要しているというのが、米国の主張なのです。米国に言わせると、技術移転の強要など不正に入手した技術を活用し、生産段階で中国政府が莫大な補助金をつぎ込んでいる。すると欧米日の技術を生かした質の高い製品を安く供給できることになります。こうした流れで中国は先端技術の製品で世界の市場を席巻していったのです。

　最初は鉄鋼でした。技術移転によって製造技術が向上した中国の鉄

鋼は、補助金という支援を受けてライバル国の製品より安く世界のマーケットに供給されます。今や中国の鉄鋼の世界シェアは50％になります。同様に液晶テレビ、パソコン、携帯電話（スマートフォン）などの世界シェアは30〜40％になります。一番すごいのが太陽光発電パネルで、世界シェアの80％が中国製です。日本でも京セラ、シャープなどが太陽光発電パネルで健闘していましたが、安くて質もまずまずの中国製品に押され、世界での存在感を失っていきました。

　米国は今後、人工知能（AI）や第5世代通信（5G）、半導体製造装置、産業用ロボットなどでも、同じように中国に席巻されてはたまらないと思ったのです。中国は最先端のハイテク製品で世界ナンバーワンになるという「中国製造2025」と呼ばれる政策を打ち出しています。2025年までに中国の製造業、中でもITを中心にした先端技術の製品で世界ナンバーワンを目指すというのです。米国はこの政策そのものを見直すよう、中国に圧力をかけ、中国はこれを断固拒否する姿勢です。

　中国が短期間に先端技術の製品分野で台頭した背景に、米国が指摘するような不公正な部分があったのは事実でしょう。米国がこれ以上の好き勝手は許さないと、立ち上がったのも、ある程度は理解できます。これまでの中国の不公正な姿勢を正すことは、日本にとっても国益につながります。

　トランプ大統領は「米国をもう一度、偉大な国にする」と宣言し、これまで不満を持っていた白人の中間層から熱狂的な支持を得ました。米国を名実ともに世界ナンバーワンの国にするため、中国の台頭を抑えることは必然だったとも言えます。

　一方、日本にとっては、IT分野での中国の急激な台頭は脅威でしたから、ある程度、米国と歩調を合わせるのは国益にかなっています。ただ米国と違うのは、日本にとって中国は隣国であり、安全保障など政治面でも経済面でも、これからお付き合いを続ける必要がある国だということです。米国と一緒になって中国をたたいていればいい、と

いうものではありません。そこには独自の距離感が必要で、外交のかじ取りには難しい部分も多くあります。

米国経済が復活したワケ

トランプ大統領の登場後、米国経済はますます好調になりました。2008年のリーマン・ショックでどん底になった米国経済は、米連邦準備理事会（FRB）のよる大規模な金融緩和策によって、なんとか息を吹き返しました。2015年からは金融緩和を終了し、景気をうまくコントロールし、長く成長させるために利上げ政策を取り始めています。

そんな景気の回復が始まったばかりの米国に、衝撃を持って登場したのがトランプ大統領でした。もともと景気は徐々に強くなっていたのですが、トランプ大統領は「もう一度米国を偉大する」ために、強烈な景気拡大策を打ち出しました。それが2018年に実施された大規模な減税です。

米国は企業が利益の中から払う税金である法人税が35％と、世界で一番高い国でした。トランプ大統領は2018年から35％だった法人税を21％まで下げました。同時に個人の所得税も最高税率を39・6％から37％に下げました。減税の規模は今後10年間で1兆5000億ドル、円換算で約170兆円と巨額です。トランプ大統領は「史上最大、記録破りの減税だ。米国経済にロケット燃料を注入した」と今後の米国経済の活性化に自信を見せました。米国の大きな税制改革はレーガン大統領による1986年以来のことでした。

大型減税が実現したことで、企業の税負担は10年で6500億ドル（約73兆円）減少し、個人の負担減は10年で1兆1200億ドル（約135兆円）に達すると言われています。こうした大型の法人税減税によって、2018年の米国経済は急成長しました。18年4〜6月期の国内総生産（GDP）成長率は4・2％と、新興国並みの勢いを持ちました。減税で

手元に資金が戻った企業は、設備投資や賃上げ、自社株買いなどに資金を使い、それが景気拡大につながりました。大型法人税減税によって、新たに150万人の雇用が生まれるという試算もあるほどです。米国の大型法人税減税の恩恵は日本企業にも及びました。経済産業省の集計によれば、米国で日本企業の現地法人の稼ぐ純利益は合計で1兆8000億円です。法人税が35％から21％に下がったことで、税金の支払い額は9200億円から5400億円に減少しました。

もう1つの減税にも注目

　法人税減税でさらに注目すべきなのは、米国企業が海外の現地法人に蓄積した利益への課税の見送りです。米国内の法人税が35％と高かったため、IT（情報技術）企業を中心に、法人税の低い国に利益をため込んでおく企業が多かったのです。例えば欧州のアイルランドなどは法人税が12％と低いため、米国のアップル社は20兆円もの利益を留保していました。米企業が海外に滞留させている過去の利益の蓄積は300兆円とみられています。これを本国に還流させるとこれまでは35％の税金がかかりました。トランプ大統領は課税しない方針に変えたため、2018年から米国企業は欧州などに留保した利益を順次、本国に戻しています。これも米国経済の活性化につながっています。
　この政策は、2005年に1年限りの時限措置として実施されたことがあります。その時は海外から米国に3000億ドルと前年の3・7倍の資金が還流しました。大手シンクタンクの試算では、最大で年間800億ドルが還流するとみられています。

2019年以降はインフラ投資が拡大

　さらに米国の景気拡大の後押しとなりそうなのが、トランプ大統領

が2018年の一般教書演説で発表した1兆ドルの大規模インフラ投資計画です。法人税の大幅減税と同様、こちらも大統領選挙の公約でした。これは2019年から本格的に始まり、10年間続く計画です。トランプ大統領は日本にも資金支援を呼びかけており、日本からの投資も増えそうです。

　これを含めて、米国では景気を拡大させる政策が相次いでいます。トランプ大統領は2020年の大統領選での再選を目指しており、そのためにも経済を失速させたくありません。米国景気は2019年6月で景気拡大のサイクルが10年を超え、先行きを心配する声も出ていますが、トランプ大統領の強気の経済運営は続きそうです。

17. 追い込まれる中国経済、

習近平氏の誤算

　米国が2018年以降、対中国への強硬姿勢を加速していることで、中国は対応に追われています。関税の拡大など経済面での米国から様々な圧力による景気の急減速を防ぐため、財政出動や金融緩和など景気下支えのための対策を打ち出しています。中国にとって、2018年の景気対策は想定外でした。2017年に大型の経済対策をやっていたため、翌年はちょっとお休みになるはずだったのです。

　2017年は中国にとって5年に1度の共産党大会の年でした。習近平氏は自らの政治基盤を盤石にするため、経済をいい状態のままで共産党大会を乗り切る必要がありました。もし人民元相場や上海株相場が急落するようなことがあれば、党内で経済政策の失敗を指摘され、共産党大会を無事に乗り切れない恐れがあったので、2017年はまさにアクセル全開の1年でした。その成果もあって、2017年の中国の国内総生産（GDP）成長率は6・9％と高い水準を達成しました。

　そして翌2018年、トランプ大統領による中国たたきは、想定外でした。習近平氏はトランプ大統領と友好な関係を構築しているという自負があったので、「まさか」という心境だったかもしれません。相次ぐ経済での圧力強化に対抗するため、本来ならお休みになるはずだっ

次の一手は？

たインフラ投資や不動産投資を再開せざるを得なくなりました。金融緩和も18年は3回にわたって実施しなければならないほど、追い込まれました。それでなんとか2018年のGDP成長率を6・5％と、減速を小規模で抑えることができました。

リーマン・ショックから世界を救った中国

　リーマン・ショック後、国際経済が縮こまった2009年、低迷する世界の景気に活を入れたのが、中国による4兆元（当時の為替レート換算で約57兆円）の巨額投資でした。インフラ投資、設備投資、不動産投資が中国経済の成長エンジンとなり、それが世界の消費マーケットとして、資源や部品、完成品を購入してくれたのです。瀬戸際の世界経済を中国が救ったのは歴史的な事実です。

　一方でこうした世界への貢献が自信になったのか、中国が国際舞台で存在感を強め始めたのです。南シナ海を埋め立てて自国の領土と主張し、基地を作ったり、米国に向けて「太平洋の右半分は米国が支配し、左半分は中国が支配する」と発言してみたり、建国から100年となる2049年には政治。経済などあらゆる面で中国が世界ナンバーワンになると宣言してみたり、米国からすると言いたい放題、やりたい放題

に映ったのでしょう。

　中国にとって、2018年以降に生じたもう1つの誤算が、国家の重要政策である「一帯一路構想」の評価がガタ落ちになったことでしょう。一帯一路構想とは、中国を起点としてアジア、中東、アフリカ東岸、ヨーロッパを陸路の「一帯」と海路の「一路」で結び、ゆるやかな経済協力関係を築き、世界に中国の権益を拡大していく構想です。

　一帯一路の通過点になる中央アジア、東アジアの国々に中国の通貨である元を融資し、その資金で高速道路、鉄道、港湾などのインフラ投資を進めてもらうのです。対象となる新興国は財政が豊かではない国が多いので、インフラ整備の資金を中国が貸してくれるのはありがたいと、この話に飛びつきました。ところが元々、経済力が強くない国が大半ですから、中国への融資返済が滞り始めます。

　融資した中国は返済が滞ると困る、と思うかも知れませんが、実はこれこそ、中国の初めからの狙いなのです。借金の返済は猶予しますから、代わりにそちらの国の港湾などを租借させてくださいと言った交渉を持ちかけます。融資が返済できない新興国は、この要請を飲まざるを得ません。甘い借金のワナ（ハニー・デッド・トラップ）と言われる所以です。2018年以降、東アジアの国々で一帯一路構想への批判の声が上がり始め、中には反中国を政策に掲げる新政権が誕生した国もあります。

困った中国が頼りにする先は

　米国から経済で追い込まれ、一帯一路構想の評判も悪化する。困った中国が頼った先が我が日本です。中国と日本は尖閣諸島の国有化以来、関係が悪化し、2011年以降、首脳の相互訪問が途絶えるなど関係が悪化していました。

　それが2018年以降、中国が日本に歩み寄る姿勢を見せ始めました。

18年10月には安倍総理による自身初の公式訪問が実現しました。習近平氏の訪日も決まり、ようやく国同士の付き合いが正常化してきました。安倍総理訪中で決まったことがいくつかありました。その中の1つが「第三国における日中の経済協力」でした。実はこれ、一帯一路構想に日本を巻き込みたい中国の意向の表れでした。日本でも中国でもない第三国、つまり一帯一路構想の対象国で、日中が歩調を合わせて投資やビジネスを拡大して行きましょうという構想なのです。

　また日中首脳会談では日本と中国の間で凍結していた通貨スワップ協定の復活も決まりました。これはお互いの何か有事があった時、資金をすばやく供給することを約束した協定です。例えば中国が米国の圧力などで一時的に外貨不足に陥った時、日本から資金供給を受けて急場をしのぐことができるのです。

　貿易摩擦でも中国は日本を頼りにしないといけない状況になっています。米国から中国への半導体関連の供給が止まったことで、一部の中国のハイテク企業が厳しい状況になっています。移動体通信大手のZTEは米国からの供給が止まって、赤字に転落してしまったほどです。半導体製造装置の世界シェアは日米で9割を握っています。もし米国からの供給が止まってしまったら、中国が頼りにするのは日本しかありません。

　いつまでも反日の機運を引きずっていては、経済の危機を乗り越えることができません。中国が急速に日本に接近しているのは、米国による圧力や一帯一路構想への反発などで八方ふさがりになる中国の打開策に他ならないのです。

　一方で日本の立場から考えると、隣国である中国が困っているのであれば、助けてあげようというのは、不思議なことではありません。ただ、米国が中国と対立している時に、露骨に中国を助けている雰囲気になってしまうと、米国からみれば「なんで敵に塩を送っているんだ」というように取られかねません。米国と一緒になって中国をたたくわ

17. 追い込まれる中国経済、次の一手は？　129

けにもいかず、米国にも恨まれないようにしないといけない。日本の外交は複雑な立ち位置にあると言っていい状況なのです。

中国経済の急減速は避けたい

　米国に追い込まれる中国経済。世界が心配しているのは、中国の経済が急激に減速して消費する力が落ち込み、国際経済全体に悪影響が出ることです。幸い、中国の個人消費は堅調で減速感はあまり強くありません。特にインターネット上の商取引が増えており、小売り全体の伸びは続いています。

　中国は経済成長のエンジンを投資から消費へとシフトさせようとしています。これまでのけん引役だった重工業などへの設備投資は、大気汚染などの環境悪化が深刻な問題となり、抑制せざるを得なくなっています。北京市や天津市では工場廃水や大気汚染の規制が強化され、閉鎖に追い込まれる工場も増えています。鉄鋼業などで進めてきた高炉の新規開発などは、今後増える見込みはないでしょう。

　これから期待される設備投資は、習近平氏が共産党大会でも宣言した「産業の高度化」に関係した投資です。IT（情報技術）を中心にした新規事業を増やし、その変革の波を消費にも及ぼすのが狙いですが、米国はそこに批判の目を向けています。習近平氏が唱える「質を伴った経済成長」が実現するかどうかは、米国の今後の対応次第とも言えるでしょう。

　こうした流れの中で世界のマーケットが心配しているのが、2015年夏の「チャイナ・ショック」の再来です。2015年8月、中国の輸出入の減少や製造業購買担当者景気指数（PMI）が下振れし、中国人民銀行による人民元レートの切り下げもあって、中国経済はそこまで悪いのかという連想から、上海株相場、人民元相場が急落しました。その余波は世界に及び、日米欧の株価も大きく調整しました。これが

チャイナ・ショックです。

　世界的なマーケットの動揺の後、中国の金融政策が緩和基調に変化したことと、米国の利上げ延期などで収束しましたが、中国発の株安、通貨安が世界に与えた衝撃は大きかったといえます。中国の経済規模が大きくなり、中国経済への世界の依存度が高くなっているだけに、中国発の景気急減速、世界経済への悪影響という流れは、なんとしても避けなければなりません。

18.
なぜ経済は好調なのに
～欧州を読み解く

ECB が動いた 💰

　米国ほどではありませんが、欧州の経済も好調です。IMF などの予測では 2019 年も 2％程度の経済成長を見込み、欧州中央銀行（ECB）も 2％の成長を予測しています。

　リーマン・ショックの後、ECB は米国の連邦準備理事会（FRB）と同じように、大規模な金融緩和をしていました。2015 年 2 月から開始し、当初は月間 800 億ユーロの国債、社債を購入し、市場に資金を供給していました。だんだん景気が回復してきたため、17 年 4 月から買い入れ額を 600 億ユーロに減額し、2018 年からは 300 億ユーロに、2019 年からは買い入れをやめました。

　ECB のドラギ総裁は「必要であれば金融緩和を継続する」という方針を示しましたが、一方で「景気回復に強い自信がある」とも発言し、2019 年以降は米国に続いて利上げのサイクルに入るとみられています。

　欧州の景気が回復し、利上げのサイクルに入ると、これまでの歴史では日本経済に好影響が出ています。なぜかというと、世界の景気回復と利上げのサイクルは、米国→欧州→日本という流れになることが多いためです。米国に続き、欧州まで利上げできるほど景気が良くなってくれば、世界に輸出をして稼ぐ日本企業には追い風です。日本株は

政治は低調なの？

世界景気敏感株と言われ、景気の拡大や株高につながっているのです。この傾向はECBが発足する前、西ドイツの中央銀行、ブンデスバンクの時代に遡っても、当てはまります。

欧州経済を語る上で避けて通れない単一通貨ユーロ

　ユーロという欧州の単一通貨は1999年に登場しました。現在までに欧州25カ国で使われています。欧州は戦後、強い米国に対する対立軸を構築すべきと考え、1つのヨーロッパに向けて、様々な努力を重ねてきました。その最終的な成果として誕生したのが、統一通貨のユーロです。

　私はこのユーロが誕生した時、日本経済新聞社のロンドン駐在特派員として、取材の現場にいました。その熱狂ぶりはすごかったです。長年の欧州の夢がついに実現した、これで欧州はバラ色の時代を迎える、とお祭り騒ぎでした。

　狙い通り、ユーロはドルと並ぶ世界の基軸通貨になりました。一方で、ユーロという通貨には、寄り合い所帯ゆえの、弱点もあります。その象徴的な事例が2015年のギリシャ危機でした。15年夏、ギリシャが過去に発行した国債の返済ができないかもしれないという問題が浮上

しました。

　ギリシャはユーロ創設時のメンバーではなく、ユーロに入ったのは
2001年です。2004年にアテネ五輪が開催され、ギリシャはインフ
ラ整備などに必要な資金を、ユーロという新たに手にした通貨を使い、
国際市場で債券を発行して調達しました。

　ギリシャはユーロに加盟する前、ドラクマという通貨でした。この
ドラクマという通貨は、当然のことながらドイツのマルクやフランス
にフランなどに比べ、信用力は低かったです。ギリシャ政府が国際市
場でドラクマ建ての債券を発行しても、それほど投資家の人気は集ま
りませんでした。ところが、ユーロという「ゴールドカード」を手に
入れたことで、ギリシャの立場は大きく変わったのです。ユーロいう
信頼できる通貨の債券なら、その発行元がドイツ政府だろうとギリシャ
政府だろうと、変わらぬ高い評価をマーケットで受けたのです。

　ギリシャにすれば、ユーロは打ち出の小づちのようなものです。債
券をどんどん発行し、債務、つまり借金はどんどん増えます。そんな
ある日、悲劇が訪れました。ギリシャがユーロに加盟した時に公表し
た政府の債務に関するデータにウソがあったことが判明したのです。
ギリシャはユーロに入りたいがため、借金の数字をごまかして基準を
満たしたのです。問題が発覚後、当然ギリシャへの信頼度は急低下し、
ギリシャの発行した債券を持っていた投資家は大損しました。これが
マーケットで言われる「ギリシャショック」です。

　ギリシャの次はどこだ？　マーケットは疑心暗鬼になり、イタリ
ア、スペイン、ポルトガルなどにも不安心理が飛び火しました。ドイツ、
フランスに比べて財政基盤が弱いと思われるため、発行した債券に対
する信頼度が低下したのです。

　その後、ギリシャはECBなどの支援を受けながら、少しずつ、国の
体制を立て直していましたが、イタリアなどではその後も財政赤字へ
の不安感などが根強く残っています。ギリシャなど欧州の中でも経済

134

基盤の弱い国にとって、ユーロという通貨は、自国の経済力からみて分不相応な通貨だったのかもしれません。

ユーロ加盟国はそれぞれ経済状況が違うのに、統一通貨ゆえ金利水準は同じになります。どこか一国だけ金利を下げて景気をてこ入れするような経済政策は、ユーロ加盟国ではできないのです。

ユーロの恩恵を受けたドイツ

一方で統一通貨ユーロのメリットを最大限に受けたのがドイツです。ドイツマルクという通貨は、日本の円と並び強い通貨でした。ユーロ圏の中には強い国もあれば、弱い国もあります。そのためユーロという通貨は、マルクよりも相対的に弱い位置づけになりました。ドイツはユーロによって、自国の経済状況よりも弱い通貨を手にしたのです。

これは2013年以降、日本が円安で生き返ったのと同じ状況になります。実態より弱い通貨ユーロを手にしたことで、ドイツの輸出企業は業績を大きく伸ばしました。ドイツはもともとダイムラーベンツ、フォルクスワーゲンなど世界的な自動車メーカーが多く、化学、医薬品などでも、世界で勝負できる企業がたくさんあります。こうした業種がユーロ安を追い風に、業績を伸ばしたのです。欧州の中核であるドイツの経済が好調なので、欧州全体も好調といっていい状況になっているのです。

ユーロという通貨が誕生して20年を超えましたが、今でもユーロ圏内には経済の格差があります。物価上昇率が2％と好調なドイツに比べ、スペインやイタリアは高い失業率に苦しんでいます。国によって経済状況がバラバラなのに、通貨はひとつ金利は同じ。欧州の経済を語るうえで、ユーロの存在を無視できないのは、こうした背景があるのです。

一方で、ギリシャやイタリアの財政状況をみていて、日本の債務問

題を改めて考える人も多いでしょう。日本政府の抱える債務は対 GDP 比でも世界一です。財政状況はギリシャより悪いと言っても過言ではありません。それでも債務の総額より、1800 兆円と言われる個人金融資産の方が多いため、日本の国債に対する信用力は維持されています。

　ただ、個人金融資産の大半を保有するのは高齢者です。今後、20 年、30 年先まで、今の規模の金融資産を維持できる保証はありません。国家の資産である国有財産も今後、徐々に目減りしていきます。ギリシャ危機を他山の石とするためにも、日本は景気回復と同時に、財政再建を急がねばなりません。

欧州の政治は混迷

　経済はドイツの恩恵で好調な欧州ですが、政治面では課題が多く、先行きは不透明です。経済が好調なドイツの政治でのトップはアンゲラ・メルケル首相です。女性で首相を 2005 年から務めてきました。世界の先進国が集う G7 という会議でも、当然一番の古株で、議論のリーダー役を務めることも多かったです。

　メルケル首相は 18 年の地方選挙で、自らが党首を務めるキリスト教民主・社会同盟（CDU）が大敗したことを受けて、2021 年の任期満了をもって首相の職を退くと記者会見で発表しました。17 年の連邦議会選挙で CDU は得票率が 33％と、70 年ぶりの低い水準にとどまり、メルケル首相への支持が徐々に落ちていったのです。支持が落ちた最大の理由は、ドイツが進めてきた移民の受け入れです。2015 年にドイツは難民を 90 万人を受け入れていましたが、財政負担や治安の悪化を懸念する国民の間で不満の声が高まりました。メルケル首相は受け入れ数を 20 万人に下方修正したのですが、選挙結果は厳しいものでした。

　メルケル首相は 2010 年の欧州債務危機を二度と繰り返さないため

には、EUがひとつになり、EU改革を進めるべきだという立場を取っています。ユーロ圏共通の財務大臣を置き、共通の予算を編成すべきとまで主張しています。ただドイツ国民は自分の払った税金が、他の欧州国家のために使われることに不満を持ち、難民の受け入れに反対する人が増えています。米国のトランプ大統領が自国第一主義を掲げ、移民や難民の受け入れに厳しい姿勢をみせるようになったことも、ドイツにおける移民受け入れ反対の機運を高めました。

フランスの政治も不安定に

　ドイツの政治が停滞し始めると、まるでドミノのように欧州の政治リスクが台頭しました。フランスではエマニュエル・マクロン大統領の支持率が20％台まで急落し、燃料税の増税に反対する大規模なデモが続き、政府は増税の延期に追い込まれました。オーストリアでも下院選で、反移民の中道右派政党が勝利しましたし、スペインではカタルーニャ州の独立運動が盛り上がり、国民投票、州議会選挙と独立派が勝利し、ラホイ首相は頭を抱えています。
　フランスのマクロン大統領が登場した時は、39歳という若さもあって颯爽とした印象を与えました。マクロン大統領は反欧州連合（EU）、反移民でポピュリズムの流れに乗る極右政党の女性候補、マリーヌ・ル・ペン氏を決選投票で下しました。マクロン大統領はEU統合を前面に押し出し、就任直後にドイツのメルケル首相と会談、通貨、金利だけでなく、財政も統合に向けて動き出そうと呼びかけました。EUが1つになる。ひょっとすると欧州はすごいことになるかもしれないとマーケットの期待は膨らみ、世界の投資資金が欧州に向かった時期もありました。
　そのマクロン政権も財政赤字削減などの政策が国民に不人気で、2018年11月の大規模デモをきっかけに、求心力を失っています。

19. 英国は、なぜEUから

英国のEU離脱まで、なお課題山積

　2016年6月に英国が国民投票で欧州連合（EU）からの離脱を決めた時は、世界に衝撃が走りました。事前の予想に反する結果だったため、投票結果を世界で最も早く反映する東京市場で、日経平均株価は1286円も下げました。

　2017年以降、英国はEUとの離脱交渉を月1回のペースで進めました。交渉のポイントは3つです。①EU離脱にあたって清算金を払う、②在英EU市民とEU圏内で暮らす英国民の権利を保障する、③アイルランドと英領北アイルランドの国境管理をしっかりする、の3つでした。英国側がEUに譲歩する形で協議は決着し、いったん英国は2019年3月29日午後11時にEUから離脱することが決まりました。その後はEU離脱後の通商関係や激変を緩和するための移行措置などが協議の対象となっています。英国は議会が離脱をめぐって一枚岩になれず、与党の保守党内でさえ、議論が紛糾しています。EUと交渉する前提として英国内のスタンスを固める必要があるのに、議会での決議ができない状態が続きました。そのため英国はEUからの離脱の期限をひとまず延期し、国内の意見を統一したうえで、EUとの離脱交渉を詰めることになります。

離脱するの？

　最大の焦点だった清算金は、EU が 600 億ユーロを主張し、英国は 200 億ユーロしか払わないとして協議を重ねてきましたが、最終的に英国が 500 億ユーロの支払いで合意しました。EU 職員の年金や、過去に支払いを約束した EU 予算の未払い金なども支払うことになりました。

　英国内に住む約 320 万人の EU 市民の権利についても、離脱後も今と同じように認める方向です。英領北アイルランドと EU に残るアイルランドとの国境管理は、北アイルランドの規制を巡って適用されている EU ルールとの継続性に配慮するとして合意しました。なんとか EU と合意にこぎ着けましたが、メイ首相の払った代償も大きかったです。EU 側に譲歩しすぎだとの批判が身内である保守党内からも出始め、英国議会は EU との妥結案をたびたび否決しました。通商協議はなお課題が多く残り、メイ氏の政権基盤は不安定なままです。

なぜ英国民は EU 離脱を選んだのか

　2016 年 6 月に EU 離脱の是非を問う国民投票を実施した時、当時のキャメロン首相は、離脱賛成が過半数を超えるとは想定していませんでした。保守党内にくすぶる反キャメロン陣営を抑えるためにも、

その一派が主張するEU離脱を国民の総意として葬り去ろうと考えたのです。ところが結果は意外なことに離脱賛成が過半数を超え、世界のマーケットが驚愕しました。

　なぜ英国民は離脱を選んだのでしょう。結果が判明後、様々な分析がされました。離脱を支持していたのは、主に地方都市移住のシニア層でした。逆に若者層やロンドン在住者は、離脱に反対でした。離脱賛成派の主張は、英国はEUに多額の協力金を払っているのに、EUの様々なルールはドイツ主導で決まっている。英国の意見は反映されず、支払っている代価に見合うだけのメリットがないという考えでした。

　EUは人の移動の自由を認めています。東欧など新たにEUに加盟した国から、より高い賃金の仕事を求めて、多くの移民が英国に入ってきました。彼らは清掃やレジ打ちなど単純労働に従事することが多かったのですが、英国民の中には、移民に仕事を奪われていると考える人たちも少なくありませんでした。移民にも様々な社会保障は適用されたので、自分たちの税金で移民が得をしているという声もありました。こうした不満が、一時的なポピュリズムの波に乗る形で増幅し、まさかの離脱賛成になってしまったのです。

まさかの再投票はあるか

　2018年の末にEUの最高裁にあたるEU司法裁判所の法務官がおもしろい見解を出しました。もし英国がEU離脱をやめると決めた場合、他の加盟国の同意がなくても離脱を撤回できるというものでした。これにより、英国内ではEU離脱を巡り、再国民投票の可能性が高まったとの見方もあります。現在、もし国民投票が再び実施されたらEU残留と離脱のどちらを選択するかという調査がしばしば実施されていますが、結果はことごとく、過半数が残留を希望し、離脱を上回っています。年代別の分布を見ると、50歳未満の若い世代で残留が支持さ

れ、50歳を超える世代では離脱が支持されています。英国のこれからを担う若い世代、特に20代以下では残留支持が圧倒的です。

EUを離脱したことで、大学に進学するときにドイツやフランスなど欧州大陸の大学に進むことが、以前より煩雑になることや、就職でも、大陸に職を求める場合、より面倒になることが、若者層の怒りにつながっています。

実際にEUを離脱すると何が起きるか

では英国がEUを離脱すると、どんな変化が起きるのでしょう。関係者の話をまとめると、通商に関しては、英国とEUの関係は、これまでと変わらないという意見が多いです。関税などの取り決めは、離脱以前と同じ条件を維持するというのです。なぜなら、「フランスのワインもドイツの自動車も、英国が買わなくなったら、困るのはフランスやドイツだから」という理由です。不安をあおっているのは一部の英国政治家だけで、経済界は冷静だというのです。

EU離脱後、国際金融都市ロンドンの地盤沈下を心配する声も多いです。実際、ロンドンに欧州の本拠地を持つ日本の金融機関は、離脱に伴う金融単一パスポート制度（金融業がスイスを除く欧州内で自由に営業できる制度）の行方を心配し、ドイツやオランダなどに現地法人を移す動きもあります。

国民投票の時、当時のキャメロン政権はEUを離脱すれば、英国経済はどん底に落ちるという不安シナリオを喧伝していましたが、英国の主要経済指標は離脱決定後も堅調に推移していました。離脱決定後のポンド下落で輸出は伸び、外国からの直接投資も増えたためです。

国際金融は英米主導のルールで統一され、共通言語は英語です。金融事業を支える弁護士、会計士なども陣容の拠点をロンドンに集中しています。これらが一斉に欧州大陸に移動するのは現実味が薄いです。

ロンドンは昔から外国人を受け入れる土壌があります。1980年代のビッグバンでのウィンブルドン現象（英国ではなく海外の金融機関が主流となったこと）が、金融産業の雇用を産み、国際金融都市ロンドンは繁栄しました。

　筆者もかつてロンドンに駐在した経験がありますが、あの街はビジネスだけでなく、観光、演劇、音楽などのエンタテイメント、スポーツ、芸術、文学、子弟の教育環境など、様々な要素が過不足なく揃っています。生活していて、あれほど退屈しない都市は少ないでしょう。国際金融都市ロンドンの地位は、EU離脱後も変わらないという意見に筆者も賛成です。

英国はユーロに加盟していない

　英国がEUを離脱するうえで、有利だったのは、英国が単一通貨ユーロに加盟していないことでした。英国はドイツと並ぶ欧州の大国です。もし英国が加盟していれば、ユーロという通貨はもっと強くなっていたと思います。英国は今もポンドという通貨を使っています。

　私がロンドンで記者をしていた時、英国もユーロに入るべきだという声が英国の内部でもありました。特に金融界でこうした声は多く、ロンドン証券取引所はユーロで売買する企業の株式市場を開設したほどです。産業界もユーロ支持が多かったのですが、英国はドイツに比べると強い輸出産業は少なく、ユーロに加盟するメリットがあまりないのも事実でした。

　英国の政治家はユーロという通貨の成り立ちに、そもそも懐疑的でした。伝統ある大英帝国のポンドを捨てるなど、とんでもないという立場でした。ドイツが主導する単一通貨ユーロ。そのドイツと2回に亘り大きな戦争をした英国。両国の間には、日本人には理解できない深い溝があるのでしょう。

20. 中東と朝鮮半島の情勢

中東のリスクの根源は宗教

　世界史の教科書でも、中東地域は「火薬庫」と表現されることが多いです。イスラム帝国、十字軍、オイルショック、中東戦争、イランイラク戦争など歴史を騒がせた舞台に、中東はしばしばなりました。最近でもイラクへの米国の攻撃、シリアの内乱など騒然とした空気は変わりません。中東の紛争の歴史の影には、往々にして宗教の問題があります。イスラム教とキリスト教の対立や、イスラム教の宗派の対立などです。

　最近の中東の対立の構図も、イスラム教の宗派の違いに起因するものが多いです。中東では、サウジアラビアとイランという2つの大国が対立しています。イスラム教の多数派であるスンニ派と少数派であるシーア派が対立しているのです。スンニ派の代表格がサウジであり、シーア派の代表格がイランという図式です。シリアの内戦も実はサウジとイランの対立で、それぞれの背後にいる米国とロシアの代理戦争の様相を呈しています。

　ただでさえ混迷し、リスクの多い中東ですが、そこに追い討ちをかけたのが米国のトランプ大統領でした。トランプ大統領は2017年末に「エルサレムをイスラエルの首都に認定する」と宣言し、18年5月

中東・朝鮮半島からリスクを読み解く

に実行しました。

　これにより、複雑な方程式がより複雑化し、中東が世界の火薬庫となる可能性が一段と高まりました。エルサレムを首都に認定し、大使館もテルアビブから移転する宣言は、もともとトランプ大統領の選挙時の公約でした。ユダヤ教徒などの支持を得るために打ち出した公約でしたが、選挙民に向けた発言が世界を大きく揺さぶりました。

　エルサレムはユダヤ教、キリスト教、イスラム教のいずれにとっても聖地であり、今も信者が集う巡礼の地です。エルサレムは第1次中東戦争で分断され、1949年に旧市街である東エルサレムはヨルダン領、新市街である西エルサレムはイスラエル領となりました。その後1967年の第3次中東戦争で、旧市街もイスラエルに併合されました。イスラエルはエルサレム基本法を採択して、エルサレムを永久の首都と宣言しましたが、国際社会はこれを認めていません。そこへ米国がいきなり首都と認めると宣言したので、大混乱を招いたのです。

　エルサレムは紀元前にはエジプトの勢力下にありましたが、ダビデ、ソロモンの治世以来、ユダヤ人の宗教、政治の中心となりました。イエスの生涯にも関係が深く、キリスト教の聖地ですが、7世紀にこの地を占領したイスラム教徒は、ここをメッカ、メディナに次ぐ聖地としました。これが後に十字軍の奪還目標となるなど、エルサレムを取

り巻く混迷は世界史の舞台になってきたのです。20世紀に入るとシオニズム運動によって多くのユダヤ人が移住し、これが今のパレスチナ問題の根元になっているのです。

　米国は実は、1995年に米大使館のエルサレム移転を認める法律を可決しています。ただ歴代のアメリカ大統領（クリントン氏、ブッシュ氏、オバマ氏）は、大使館移転は中東和平実現の障害になるとの立場から、実施を半年ごとに延期してきました。トランプ大統領が大使館の移転手続きを始めるよう指示した背景には、トランプ大統領の女婿でユダヤ系米国人のクシュナー大統領上級顧問の存在があると言われています。こうした米国の動きにパレスチナは当然、反発します。さらに親米の立場のサウジアラビアやアラブ首長国連邦も「中東の安定への悪影響を憂慮する」との声明を出しました。サウジアラビアなどの親米国家では、民衆の米国への怒りがそのまま政府に向かう可能性もあり、政府はこうした声明を出さざるを得なかったのでしょう。

　欧州でも米国の同盟国である英国のメイ首相が「和平の助けにはならない」と批判し、フランスのマクロン大統領、ドイツのメルケル首相も「一方的な決定は支持しない」と語りました。もともと反米のイランでは外務省が「愚かな米国の決定は、新たな民衆の蜂起を扇動する」との声明を発表し、これに呼応するようにイスラム原理主義組織ハマスは民族蜂起を呼びかけました。シリア、サウジアラビア、イラン、イスラエルと一段と複雑化する中東和平への方程式の解は、簡単には見つからないままです。

宗教と並ぶ対立の根元は原油

　中東地域といえば産油国としても知られています。この石油がこれまで、しばしば紛争の火種になってきました。古くは中東戦争、イラクによるクエート侵攻、湾岸戦争など石油の利権をめぐる争いが背景

にありました。

　最大の産油国サウジアラビアでは原油がもたらす富を王族が独占する代わりに、国民に医療や教育の無償化、納税免除などの恩恵を与え、王族の富の独占を黙認させてきたといわれています。こうした体制に不満を感じるビン・ラディン氏など知的エリート層はサウジアラビアを飛び出してアルカイダを組織し、サウジアラビアの背後にいるのは米国だと決めつけて、9・11テロにつながりました。

　最近は米国でシェールオイル、シェールガスの産出が増加し、原油価格が低迷しています。サウジアラビアの国家財政はだんだん悪化しており、石油以外の収益源を模索し始めています。ソフトバンクと共同で10兆円規模の投資ファンドを設立したのも、こうした脱石油の表れです。

　一方でかつての原油高の時代ほど、サウジの国民は恩恵を享受できなくなり、王族への不満がくすぶり始めています。王族は迫り来る民の反乱に怯え始め、資産の海外逃避に動いています。その最たるものが国営石油会社アラムコの上場です。王族が保有する国営巨大企業の株式を公開し、そこで得られるキャッシュを海外で保全する方針なのです。

　欧州を中心に環境保護の視点からも、脱石油の動きは加速しています。自動車でも排ガスの出ない電気自動車が広がり始め、中国でも大気汚染の悪化を防ぐため、工場の操業規制などが始まりました。石油に変わるエネルギーは原子力や太陽光、風力などの再生可能エネルギーがありますが、完全に代替できるまでには至っていません。今後、脱石油の動きがどう加速していくかが、中東地域の行方に大きな影響を与えるでしょう。

20. 中東と朝鮮半島の情勢からリスクを読み解く　147

北朝鮮リスクは落ち着いたのか

　2017年9月ごろまで、北朝鮮はミサイル発射実験を繰り返し、日本では北朝鮮から核攻撃を受ける懸念がくすぶっていました。2018年以降、米国のトランプ大統領が北朝鮮の金正恩総書記と会談し、武力衝突や空爆の危機はいったん後退しています。

　日本にとっての最大の地政学リスクと言えば、やはり北朝鮮に尽きます。もし米国と北朝鮮の間で戦争状態になれば、日本にとって大きな波乱要因になります。

　2017年以降、国連で決まった北朝鮮への経済制裁が続いています。石油精製品の輸入禁止や北朝鮮からの輸出などに関する規制が強化され、北朝鮮経済はかなり追い込まれました。局面を打開すべく、金正恩氏は韓国板門店でトランプ大統領と会談し、段階的な核兵器の廃絶方針を表明しました。

　重要な外貨獲得の手段だった派遣労働者にも制約がかかるようになりました。主に中国、ロシアに労働者を派遣し、本国に送金させるシステムでしたが、新たな就労許可を禁止し、すべての派遣労働者を2年以内に送還することが決まりました。この経済制裁には中国、ロシアも同意しており、北朝鮮の海外派遣労働による外貨収入は5億ドル落ち込む見通しとなりました。

　一方で米国が主張していた原油の輸入禁止は、中国やロシアの反対で実現しないなど、完全な経済封鎖には至っていません。海洋上で貨物を移し替える「密輸」に対する取り締まり策も盛り込まれていません。中国、ロシアも巻き込んで国連で決めた制裁決議を強化し、北朝鮮を追い込んで話し合いのテーブルに着かせるのが、好ましいシナリオです。経済制裁を強化し、長期戦覚悟で北朝鮮の衰退、内部崩壊を促すものだったようです。こうした状況が米朝首脳会談で大きく変わり始め、日本の立場も変わってきました。

米国のトランプ大統領と北朝鮮の金正恩氏は 2019 年 2 月末に 2 回目の首脳会談に臨みましたが、核兵器の廃絶をめぐっての合意はできませんでした。核兵器の完全な廃絶が経済制裁緩和の大前提という米国の主張に対し、北朝鮮は一部核施設の廃絶を条件に経済制裁の見直しを求め、話し合いは物別れに終わりました。

韓国の理想と現実

　そんな中で韓国に文在寅大統領が登場し、南北の融和ムードが高まりました。文在寅大統領はルーツが北朝鮮だったこともあり、北との対話路線を取り始めています。
　韓国はずっと米国に近い立場を取ってきましたが、このところ中国に接近する姿勢もみせています。北朝鮮をめぐる情勢が落ち着くのは、日本にとって好ましく、そのために協力は惜しまないというのが基本姿勢ですが、なかなか方向が見えないのが現実です。
　実は日本は第 2 次大戦後のサンフランシスコ平和条約に基づき、韓国には戦後賠償をしましたが、北朝鮮には賠償金を払っていません。北朝鮮が平和国家の道を歩むのなら、日本は経済支援に動き、懸案である拉致問題も解決に向けて動き出し可能性はあります。
　一方で金正恩氏は米中首脳会談後も、核搭載の大陸間弾道ミサイル（ICBM）の準備をやめていないとの情報もあります。米国ファーストのトランプ大統領は自国が射程距離に収まる核ミサイルは廃棄させても、日本が射程距離に入る中距離ミサイルを廃棄しなければ、脅威は収まりません。国際社会による圧力が強まり、北朝鮮が対話に向けて歩み寄れば、好ましいシナリオなのですが、韓国の融和ムードや米国と敵対する中国が北朝鮮の保護者のような立場であることなどから、簡単にはいきません。
　欧米の有識者の中には、「北朝鮮が中距離の核ミサイルを保持した

まま、金正恩体制が維持されると、日本にとっては最悪のシナリオだ。日本は核兵器を保有する北朝鮮の脅威に、常にさらされることになる。日本も核武装を検討すべきだ」といった意見まであります。被爆国日本がすぐに乗れる議論ではないですし、もしそんな議論が始まったら、国内で反対の声が広がるのか確実でしょうが、北朝鮮のリスクというのは、そのくらい根が深いものなのです。

　また日本と北朝鮮の間には拉致問題という独自の課題があります。長い期間、抜本的な解決策が講じられることなく、時間が経過しています。もし拉致問題が進展するのなら、日本は経済的な支援は惜しまないというのが基本的な立場ですが、もちろん核兵器の完全な廃絶が前提条件になるのは、言うまでもありません。

著者プロフィール

鈴木　亮

1985 年　早稲田大学政治経済学部卒、日本経済新聞社入社。東京本社編集局証券部記者、欧州総局（ロンドン）駐在特派員、月刊誌日経マネー編集長など経て、2013 年から日本経済新聞者編集委員兼キャスター。国内外のマーケット、マネーなどが専門分野。主な著書に『まだ間に合う日本株投資』『株はよみがえった』（いずれも日本経済新聞出版社）、『上げ相場に乗り遅れたあなたへ』『アベノミクス相場サバイバル 10 の心得』（いずれも日経 e 新書）、『ど素人でも経済ニュースがすぐわかる本』（PHP 研究所）、『親子で挑んだ公立中高一貫校受験』（ディスカバー 21）など。BS テレビ東京「日経プラス 10」「日経モーニングプラス」、日経 CNBC「昼エクスプレス」、ラジオ NIKKEI「ラジオ iNEWS」にレギュラー出演中。日本大学経済学部非常勤講師。

大学生に知ってほしい日本経済の今とこれから
一社会に出る、その前に

2019 年 4 月 25 日　第 1 版　第 1 刷発行

著　者　鈴木　亮

発行者　大塚孝喜

発行所　エイデル研究所
　　　　102-0073　東京都千代田区九段北 4-1-9
　　　　TEL 03-3234-4641 FAX 03-3234-4644

印刷・製本　中央精版印刷株式会社

装幀・デザイン　野田和浩

編集　長谷吉洋

ISBN 978-4-87168-632-7

© Nikkei Inc., 2019